ESG 경영을 추구하는
CEO가 알아야 할 모든 것
ESG 경영 리더십

ESG 경영을 추구하는 CEO가 알아야 할 모든 것
ESG 경영 리더십

초판 1쇄 인쇄 2025년 7월 21일
초판 1쇄 발행 2025년 8월 4일

지은이 장신애

발행인 백유미 조영석
발행처 (주)라온아시아
주소 서울특별시 서초구 방배로 180 스파크플러스 3F

등록 2016년 7월 5일 제 2016-000141호
전화 070-7600-8230   **팩스** 070-4754-2473

값 19,500원
ISBN 979-11-6958-220-9 (13320)

※ 라온북은 (주)라온아시아의 퍼스널 브랜드입니다.
※ 이 책은 저작권법에 따라 보호받는 저작물이므로 무단전재 및 복제를 금합니다.
※ 잘못된 책은 구입하신 서점에서 바꾸어 드립니다.

라온북은 독자 여러분의 소중한 원고를 기다리고 있습니다. (raonbook@raonasia.co.kr)

ESG 경영을 추구하는 CEO가 알아야 할 모든 것
ESG 경영 리더십

장신애 지음

탑다운이 아닌 서번트 리더십
MZ 세대가 기대하는 ESG 리더십
소비자의 신뢰를 확보하고
투자자의 요구에 부합하는 ESG 경영의 모든 것

ESG 경영 리더십 실행법 수록

경영 혁신과 새로운 비즈니스 기회 창출의 모델
ESG 경영 리더십을 실행하라

RAON BOOK

추천사

To Director Sin-ae Jang,

It is with my sincere and enthusiastic recommendation that I endorse Director Sin-ae Jang and her groundbreaking book, ESG Management Leadership. In an era where Environmental, Social, and Governance (ESG) principles are no longer optional but essential for long-term organizational success, this book arrives with perfect timing and the precise message.

Director Jang has demonstrated an exceptional ability to distill complex ESG challenges into clear, actionable leadership insights. ESG Management Leadership, with its clarity, depth, and practical wisdom, not only underscores the urgency of responsible leadership but also provides a clear roadmap for executives and change-makers who aspire to lead with purpose.

What makes this book truly special is its balance: it's visionary yet practical, data-driven yet profoundly human. It's filled with insights born from rigorous thought on aligning sustainability goals with core business strategies and navigating stakeholder expectations and regulatory frameworks.

For anyone looking to lead an organization that values principles as much as profitability, ESG Management Leadership is a must-read. I commend Director Jang for her contribution to the evolving conversation on ESG leadership and for equipping readers with the tools to lead with integrity, resilience, and long-term impact.

I wish Director Sin-ae Jang all the very best in her future endeavors.

장신애 이사님께,

저는 장신애 이사님과 그녀의 획기적인 저서 《ESG 경영 리더십》을 진심을 다해 추천합니다. 환경사회지배구조(ESG) 원칙이 더 이상 선택이 아닌, 장기적인 조직 성공에 필수적인 시대에, 이 책은 바로 적절한 시기와 정확한 메시지를 담고 있습니다.

장신애 이사님은 복잡한 ESG 과제를 실행 가능한 리더십 통찰로 명확히 정리하는 능력을 보여주셨습니다. 《ESG 경영 리더십》은 명확함, 깊이, 실용적 지혜를 바탕으로 책임 있는 리더십의 긴급성을 강조할 뿐 아니라, 목적 의식을 가지고 이끌고자 하는 경영진과 변화 주체들을 위한 명확한 로드맵을 제공합니다.

이 책이 특별한 점은 균형감에 있습니다. 비전적이면서도 실용적이고, 데이터에 기반하면서도 깊이 인간적입니다. 지속 가능성 목표를 핵심 사업 전략과 일치시키고, 이해관계자의 기대와 규제 체계를 탐색하는 데 있어 엄격한 사고에서 우러난 통찰로 가득 차 있습니다.

수익성뿐 아니라 원칙을 중시하는 조직을 이끌고자 하는 누구에게나 《ESG 경영 리더십》은 필독서입니다. 저는 ESG 리더십에 관한 진화하는 대화에 기여하고 독자들에게 진실성, 회복력, 장기적 영향력을 갖고 이끌 수 있는 도구를 제공한 장신애 이사님을 높이 평가합니다.

장신애 이사님의 앞날에 모든 행운이 함께하기를 기원합니다.

Khaled AR Hassan
주한 이집트 대사

It was my distinct pleasure to meet Director Sin-ae Jang at the Embassy of Egypt. Though she possessed the youthful appearance of a high school student, I was astonished to learn, through our conversation, that she had earned a master's degree from the prestigious Hanyang University, completed a doctoral program, and already published her first book.

Today, Director Jang is publishing her second book, ESG Management Leadership. I had the honor of reading the draft, and I was profoundly impressed by her extensive knowledge, creative thinking, passion for learning, and strong desire to make a difference in the world and empower women globally.

While the future is uncertain, I am confident that Director Sin-ae Jang will become one of Korea's pioneering women.

Professor Salaheldin Elgebily
Hankuk University of Foreign Studies

저는 이집트 대사관에서 장신애 이사를 만났습니다. 그녀는 고등학생처럼 보였지만, 대화를 나눈 후 명문 한양대학교에서 석사를 졸업했고 박사과정을 수료했으며, 첫 번째 책을 출간했다는 사실에 놀랐습니다.

오늘날 장신애 이사는 《ESG 경영 리더십》이라는 두 번째 책을 출간하고 있습니다. 저는 초고를 읽는 영광을 누렸으며, 그녀의 방대한 지식과 창의적인 사고, 배움에 대한 열정, 그리고 세상을 변화시키고 전 세계 여성들에게 힘을 실어주고자 하는 강한 열망에 깊은 감명을 받았습니다.

미래를 알 수는 없지만, 저는 장신애 이사가 한국에서 선구적인 여성 중 한 명이 될 것이라고 확신합니다.

Salaheldin Elgebily
한국외국어대학교 교수

돌이켜보면 우리 사회는 보이지 않는 것을 보이게 만든 분들 덕분에 성장하고 발전해왔습니다. 대개 그분들은 해당 분야나 조직에서 리더 역할을 하신 분들입니다. ESG도 마찬가지입니다. 사회적으로 중요한 이슈이자 관심의 대상이지만, 생각보다 잘 보이지 않는 부분이 있습니다. 이 책은 바로 그 점에 집중하고 있습니다. 그리고 조직의 리더들이 이를 간과하지 않도록 사실과 사례를 바탕으로 친절하게 설명해 드립니다. 이 책은 선언적인 의미의 ESG가 아니라, 실천적인 의미의 ESG를 이야기하고 있습니다. 또한 조직의 리더로서 보다 거시적인 관점에서 리더십을 발휘할 수 있는 단초를 제시하고 있습니다.

김희봉
대한리더십학회 상임이사
《리더와 팔로워를 위한 질문101》 등 저자

"새로운 ESG 리더십, 기업경영, 자기경영을 위한 미래 과제 해결책"

새로운 시대, 언제나 큰 개념을 던지며 사회적 이슈 해결에 앞장서 온 젊은 개척자, 장신애 이사의 신간을 읽으며 가슴 뛰는 순간을 경험하였습니다.

내가 재직 중인 인하대학교 강단에서 장신애 이사는 귀한 특강 초청 강사로 함께 공동 수업을 진행한 바 있으며, 젊은 학생들에게 미래 개척의 방향성을 제시한 바 있습니다.

이번 신간에서는 AI 시대에 '리더십'이라는 아날로그적 개념을 어떻게 재해석할 것인가에 대한 개인적인 관심이 특히 크게 다가왔습니다.

AI 시대에는 새로운 윤리와 조직문화에 대한 명확한 설명이 필요하며, 인간과 기술 사이의 균형점 또한 제시되어야 합니다. 이 책은 바로 이러한 물음에 응답하는 귀중한 저작입니다.

ESG라는 세계적 화두가 등장했을 때, 장신애 이사는 각계 리더들이 반드시 확보해야 할 핵심 요소로 '가치'에 주목하며, 분명한 사명감을 갖고 ESG 리더십이라는 과제를 치열하게 연구해 온 것으로 보입니다. 이미 4차 산업혁명과 AI 시대의 경영 원론은 '사람', '가치', '브랜드', '비즈니스 모델'로 변화한 지 오래이며, 이에 상응하는 '작고 아름다우며 가치 있는 일'을 실천하려는 새로운 리더십이 요구되는 시대가 도래하였습니다.

장신애 이사는 기업 CEO, 지자체, 연구기관, 학계 등과 활발히 교류하며, 지식과 경영 R&D, 문화, 예술에 대한 미래지향적 관점을 꾸준히 개발해 왔으며, 이번 책은 그 결실을 집약해 낸 뜻깊은 성과라고 할 수 있습니다.

또한 다양한 영역에서 선택과 집중의 실천을 보여주었으며, 대학 후학들을 위한 특강을 통해 4차 산업 시대의 '최선의 대응'으로서 정서지능(emotional intelligence)의 함양과 실천을 제안해 온 바 있습니다.

특히 ESG 리더십에 있어서도 장신애 이사는 지배적이고 통제적인 기준을 지나치게 강조하기보다는, 실효성 있는 관점에서 리더십을 조명하고자 하였습니다.

그린워싱 등 현실 문제를 통찰력 있게 풀어내며, 가치와 경영의 본질을 정면으로 다루고 있습니다. 아울러 온실가스(탄소) 배출, 반사회적 가치, 불법 경영 등 개연성 있는 이슈에 대해서도 선제적이고 종합적인 지침을 제시한 점이 인상 깊습니다.

결국 미래 경영을 '통제냐 자율이냐'의 관점으로 나누어 볼 때, 핵심은 '정당성 확보'에 있습니다.

장신애 이사의 리더십 이론이 더욱 세밀하게 다듬어져, 공동선을 구축하는 지속 가능한 경영 트렌드로 자리매김하기를 기대합니다. 이 책은 미래 발전을 위한 리더급 인사들의 전략과 선도적 미래가치 창출을 종합적으로 제시하며, '미래를 위한 사회'에서 '미래와 함께하는 사회'로 나아가는 길을 안내하는 열린 책자입니다.

장신애 이사의 진심이 담긴 이 책이, 기업 경영과 일의 본질을 새롭게 바라보게 하는 프레임이 되어 독자들에게 깊은 울림을 전하기를 바라며, 이러한 미래 과제를 진지하게 던져 준 점에 대해 다시 한 번 깊이 치하를 드립니다. 장신애 이사의 건승을 진심으로 기원합니다.

이경엽
사단법인 글로벌녹색경영연구원 부총재
인하대학교 겸임교수

오랜 시간 교육 현장과 조직 운영의 최전선에서 지켜본 바에 따르면, 결국 조직의 지속 가능성을 좌우하는 것은 '사람'이며, 그 사람을 움직이고 변화로 이끄는 것은 바로 '리더십'이라는 점을 다시 한번 깨닫게 됩니다.

장신애 이사는 강동대학교 ESG 경영 특강에 초청받아 직접 현장에서 강연하며, 실천적 리더십과 사회 혁신 프로젝트를 통해 쌓아온 폭넓은 경험을 바탕으로 ESG를 누구보다도 현실적이고 입체적인 시각으로 조명하고 있습니다. 이처럼 장신애 이사는 ESG를 단순한 이론이나 추상적 개념에 머무르게 하지 않고, 조직 내 리더들이 실제로 적용하며 변화를 만들어낼 수 있는 구체적인 전략으로 제시합니다.

ESG라는 말조차 낯설게 느끼는 이들에게도 이 책은 삶과 일, 그리고 조직을 바라보는 새로운 관점을 열어주며, 진정한 변화를 위한 첫걸음을 내딛게 해줄 것입니다. 뿐만 아니라, 기업의 리더뿐 아니라 ESG를 처음 접하는 대학생과 일반 독자들에게도 쉽게 다가가며, 실천의 방향까지 명확하게 제시하는 점이 이 책의 가장 큰 장점입니다.

이 책은 ESG에 대해 막연히 어렵게만 느꼈던 많은 이들에게 새로운 관점과 희망을 심어주고, 더 나은 미래를 만드는 데 실질적인 밑거름이 될 것입니다. 독자들의 마음에 깊은 울림을 주어 우리 사회와 조직 곳곳에 지속 가능한 변화를 이끌어 내는 불씨가 되길 간절히 바랍니다. 장신애 이사의 열정과 진심이 고스란히 담긴 이 뜻깊은 책이, 더 나은 세상을 향해 나아가는 우리 모두에게 실질적인 변화를 이끄는 열쇠가 되리라 믿습니다.

김영일
강동대학교 ESG창업경영학과 학과장/교수

세상에서 변하지 않는 진리는 '변화한다는 것은 변하지 않는다(Change will not change)'는 것입니다. 특히 사회나 기업 등 많은 조직의 성장은 환경 변화에 대한 적응력에 달려 있습니다. 베스트셀러 《Good to Great》의 저자 짐 콜린스(Jim Collins)는 《How the Mighty Fall: Why Some Companies Never Give In》에서 잘나가던 강한 기업들이 몰락하는 가장 큰 이유로 '과거 성공에 안주하며 변화를 거부하고 옛 방식에만 매달리는 현상'을 꼽으며, 이를 '휴브리스(Hubris)'라고 명명했습니다. 휴브리스는 지나친 자만심과 오만함으로 인해 개인이나 조직의 몰락을 초래할 수 있는 위험한 특성을 의미합니다.

널리 알려진 바와 같이 ESG는 환경(Environmental), 사회(Social), 지배구조(Governance)의 약자입니다. ESG는 단순한 유행이나 일시적인 트렌드를 넘어, 조직과 사회가 지속 가능한 미래로 나아가기 위한 근본적 가치로 확고히 자리 잡았습니다. 《ESG 경영 리더십》은 ESG 개념을 명확히 정리하는 데 그치지 않고, 경영 현장과 리더십의 조화 속에서 ESG가 어떻게 실질적으로 구현되어야 하는지 심도 있게 다룹니다.

장신애 저자는 언론, 리더십 연구, 사회공헌 활동 등 다양한 분야에서 쌓은 실천 경험을 바탕으로, ESG 리더십에 대한 통합적 시각과 현실적 적용 가능성을 균형 있게 제시합니다. 특히 ESG 경영과 리더십을 유기적으로 연결하여 조직 구성원의 인식 변화를 이끌고, 자발적 참여를 촉진하는 교육적·철학적 토대를 마련했습니다. 저자의 ESG에 대한 몰입과 열정은 현장에서의 실천력으로 이어지고 있으며, ESG 리더십은 단순한 개념을 넘어 실천을 통해 '지속 가능한 경영'에서 성과를 발현하고 확산시키는 리더십입니다.

이 책은 ESG를 단순한 경영 전략의 수단으로만 보지 않고, '개인의 성장과 공동체 발전'이라는 가치 중심 관점에서 접근합니다. 이를 통해 지속 가능성, 윤리, 책임, 참여의 본질을 깊이 성찰하도록 돕습니다. 조직을 이끄는 리더는 물론, 미래 경영 환경을 준비하는 학생과 기업 현장 실무자들에게도 깊은 울림과 의미 있는 통찰을 전하는 책으로, 진정한 ESG의 길을 모색하는 모든 이들에게 지침서가 될 것입니다. 여러분께 이 책을 일독할 것을 권합니다.

송영수
한양대학교 교육공학과 교수
前 대한리더십학회장·한국산업교육학회장

프롤로그

이젠 ESG 경영 리더십이다!

'얼마나 벌었는가'보다 무엇을 바꿨고, 어떤 가치를 남겼는가가 더 중요한 시대가 왔다. ESG 시대가 본격적으로 열리면서, 리더의 역할과 기준도 완전히 달라지고 있다. 이제 리더는 지시하고 성과만 내는 사람이 아니라, 함께 성장하며 사회와 환경에 긍정적인 변화를 만드는 사람이 되어야 한다.

이 책은 단순한 이론서가 아니다. 직접 현장에 뛰어들어 부딪히며, 수많은 시행착오와 경험을 통해 얻은 사례와 실행 전략을 담았다. 사람 중심의 서번트 리더십을 바탕으로, 진짜 ESG 경영이 현장에서 어떻게 작동해야 하는지를 구체적으로 보여주고자 한다.

필자는 국토경제신문 경제부 기자로 보도자료를 포함해 약 1,473건의 취재 및 기사 작성 경험을 쌓았으며, 국회, 국토부, 볼보 등 현장을 카메라와 노트북을 들고 직접 뛰어다니며 보도했다. 국방 분야 선임연구원으로서 국방부 프로젝트를 위해 국방부로 출퇴근하며, 해군, 육군, 국방과학연구소 등을 누비고 연구를 진행했다. 또한 한국군사기술학회에도 참여하였다.

인하대와 한남대에서 리더십과 커뮤니케이션 등의 특강을 했고, ESG 컨설턴트 1급 자격증을 취득한 후 강동대학교에서는 ESG 경영 특강을 맡아, 실제 기업과 학교가 ESG를 어떻게 받아들여야 할지 함께 고민했다. 한국종합교육원에서는 현업 종사자들을 대상으로 교수기법, 스토리텔링, 조직관리, HRD, 리더십 등을 강의하며 교육 현장과 실무를 잇는 다리를 놓았다.

박사과정에서는 '교수 체제 설계 및 기업 교육'을 연구했다. 다양한 학술대회에서 임파워링 리더십, 조직문화, 적응형 학습 등을 주제로 연구를 발표했다.

무대 밖에서는 미스그린인터내셔널 국제이사로 전국 지역 대회를 기획하며, 세계 80개국이 참가하는 Miss Eco International 등 국제 무대에 한국 대표를 파견해 ESG 가치를 문화로 확산하는 역할을 하고 있다.

2025 인천국제민속영화제, 프랑스 국제무역박람회 35주년 패션쇼, 군부대 위문공연, 지방자치단체 착공식, 전국민요경창대회 등 수많은 행사에서 한국어·영어 MC를 맡아 관객과 무대를 잇고, 동시통역사로 국제 무대에서 사람과 사람을 연결하며 작은 목소리도 세상 밖으로 전달하고 있다.

필자는 언제나 현장에 서 있었다. 기사 한 줄부터 연구결과까지 누군가에게 변화를 일으키는 실천이어야 한다고 생각한다.

이 책은 '이론, 사례, 실행 전략, 문화 정착' 네 가지 관점에서 ESG 경영 리더십을 풀어낸다. ESG는 이제 투자자들이 기업을 평가하는 핵심 기준이자, 건강한 조직문화를 만드는 토대이며, 우수 인재들이 회사를 선택하는 결정적 이유다. 이 책은 저자 혼자의 경험과 연구만으로 완성된 것이 아니다. 리더십 전문가이신 지도교수 송영수 교수님과 ESG 경영 분야의 전문가이신 이경엽 교수님, 김영일 교수님의 깊은 가르침과 통찰 속에서 탄생했다. 세 분 교수님의 현장 경험과 학문적 지혜가 더해져, 이 책이 단순한 이론서가 아닌 실제 현장에서 통하는 'ESG 경영 리더십'의 실천 지침서로 완성될 수 있었다.

지금 이 순간, 스스로에게 물어보자.

"나는 ESG 시대에 꼭 필요한 사람이 되어가고 있는가?"

변화를 읽는 데서 멈추지 말고, 직접 변화를 바꿀 사람이 되어야 할 때다.

- 취업이 막막한 대학생에게는 내 안의 강점을 발견하고 불확실한 미래에서도 흔들리지 않는 나만의 기준을 세우는 길을 보여준다.
- 반복되는 업무와 인간관계에 지친 직장인에게는 협력과 변화를 통해 나도 살고 동료도 살리는 현실적인 해법을 제시한다.
- 조직을 이끄는 리더에게는 직원 몰입과 참여를 이끌어내 지속 가능한 성장과 변화를 만드는 실질적 전략을 제공한다.
- ESG에 처음 관심을 갖는 누구에게나 복잡한 개념을 쉽게 풀어주고, 바로 오늘부터 삶과 업무에 적용할 수 있도록 돕는다.

이 책을 읽는 당신에게도, 필자가 현장에서 발로 뛰며 배운 사람 중심 리더십과 ESG의 가치가 당신만의 이야기가 되어 세상으로 퍼져나가길 바란다. 마지막 페이지를 덮을 때쯤, 당신은 이미 변화의 출발선 위에 서 있을 것이다.

장신애

차 례

추천사 · **4**
프롤로그 이젠 ESG 경영 리더십이다! · **16**

1장

왜 ESG 경영 리더십인가?

- 세상의 룰이 ESG로 바뀌고 있다 · **27**
- ESG 경영을 모르는 리더십은 급속히 사라진다 · **35**
- 탑다운이 아닌 서번트 리더십, ESG 시대의 필수 리더십 · **41**
- MZ세대가 기대하는 ESG 경영 리더십 · **47**
- E? S? G? : ESG의 본질을 아는 리더가 되어야 한다 · **55**

2장

왜 ESG 경영을 해야 하는가?
- ESG 경영은 기업의 지속 가능한 성장을 이끄는 핵심 전략이다 · 67
- 변화하는 규제와 법적 요구 사항에 대응하는 ESG 경영 · 73
- 투자자들의 요구에 부합하는 ESG 경영 · 79
- 소비자의 신뢰를 확보하는 ESG 경영 · 86
- ESG 경영은 혁신과 새로운 비즈니스 기회를 창출한다 · 91
- ESG 경영은 우수한 인재 확보에 필수적이다 · 97
- 비즈니스 리스크를 줄이고 기업의 안정성을 높이는 ESG 경영 · 101

3장

ESG 경영 리더십은 이런 것!
- ESG 리더십의 핵심 요소 : 성공적인 ESG 리더가 갖춰야 할 필수 역량 · 109
- 성공적인 ESG 리더십 사례 · 114
- ESG 리더십의 도전과 기회 : ESG 리더가 직면한 현실과 해결 전략 · 120
- 전략적 접근법 : ESG 리더십을 위한 실행 전략과 리더의 역할 · 126
- 기업 문화의 변화 : ESG 리더십이 조직 문화를 어떻게 변화시키는가 · 130
- 미래 전망 : ESG 리더십의 미래와 지속 가능한 성장의 방향 · 135

4장

ESG 경영 리더십을 실행하라! ①

- ESG 경영이란 무엇이며, 최신 트렌드는 무엇인가? · **145**
- ESG 경영이 기업의 미래 경쟁력에 미치는 영향 · **149**
- ESG 경영은 어떻게 새로운 혁신과 비즈니스 모델 전환을 이끄는가? · **154**
- ESG 경영은 우수 인재 확보와 포용적 조직 문화를 어떻게 만드는가? · **159**
- ESG 경영이 투자자와 금융시장에서는 왜 전략적으로 중요한가? · **163**
- 앞으로 ESG 경영은 어떻게 진화하고, AI·디지털은 어떤 역할을 하게 될 것인가? · **167**
- 서번트 리더십은 ESG 경영을 어떻게 더 사람 중심으로 실천하게 돕는가? · **171**

5장

ESG 경영 리더십을 실행하라! ②

- ESG 전략은 어떻게 수립하고 실행할 수 있을까? · **179**
- ESG 전담 조직은 어떻게 설계하고 운영해야 효과적일까? · **184**
- AI와 혁신 기술은 탄소 배출을 줄이는 데 어떤 기여를 할 수 있을까? · **188**
- 탄소중립(Net-Zero) 목표는 어떻게 설정하고 달성할 수 있을까? · **193**
- 지속 가능한 공급망은 어떻게 구축하고 관리할까? · **197**
- ESG 성과는 어떻게 측정하고, AI 기반으로 투명하게 보고할 수 있을까? · **201**
- ESG 교육은 어떻게 직원들의 인식과 행동을 변화시킬까? · **206**
- ESG 경영은 기업 성과에 어떤 긍정적인 영향을 줄 수 있을까? · **211**

6장

ESG 경영 리더십과 서번트 리더십

- 서번트 리더십이란 무엇이며, 왜 지금 더 주목받는가? · **219**
- ESG 경영과 서번트 리더십이 만나면 생기는 시너지 효과는 무엇인가? · **224**
- 조직 변화 : 서번트 리더십으로 조직을 변화시키고 성과로 연결하는 방법 · **229**
- 사회 변화 : 서번트 리더십이 사회에 주는 긍정적 영향 · **233**
- 서번트 리더십은 조직에서 어떻게 시작하고 실천할 수 있을까? · **238**

미주 · **243**

사람을 중시하는 리더십은 ESG 경영에서도

매우 중요한 부분이다.

1장

왜 ESG 경영 리더십인가?

ESG 시대에는 구성원의 가치를 존중하고, 공동의 비전을 촉진하며, 협력적 공동체를 중시하는 리더십이 요된다.

세상의 룰이 ESG로 바뀌고 있다

"앞으로 10년, 어떤 기업이 생존할 것인가?"

친환경을 외면하는 기업, 인권을 무시하는 브랜드, 투명하지 않은 조직은 이제 소비자의 선택을 받지 못한다. 더 나아가 이들은 시장에서 투자자의 신뢰 또한 잃게 될 것이다. ESG(Environmental, Social, Governance)는 기업의 지속 가능성을 판단하는 새로운 핵심 기준으로 자리 잡았다. 과거에는 단지 일시적 유행처럼 여겨졌지만, ESG는 이제 기업의 미래를 좌우하는 핵심가치로 자리매김했다. 환경 파괴, 사회적 책임 회피, 부실한 지배구조는 기업가치를 빠르게 무너뜨리는 리스크가 되고 있다. 이제 ESG를 경영 전략의 중심에 두지 않는 기업은 지

속 가능한 성장을 기대하기 어렵다. 이에 몇 해 전부터는 ESG 중심 기업 경영의 흐름에 맞춰 국내외 1인 브랜드부터 중소기업 및 스타트업, 대기업에 이르기까지 거의 모든 업종이 다양한 방법을 모색해 왔다.

대표적으로 가수 '골드 언니'의 ESG 실천 사례를 살펴보자. 그녀는 '재활용 가능한 친환경 재생 비닐 봉투' 유통 시장에 뛰어들어 환경 보호를 통한 지속 가능한 환경 조성과 사회적 책임 실천이라는 두 가지 가치를 반영한 비즈니스 모델을 구축하는 데 성공했다. 그녀의 친환경 재생 비닐 봉투는 '마녀김밥' 등에 납품되고 있다. 또한 친환경 비닐 제품 외에도 다양한 환경 친화적 제품을 탐색하고 유통망을 넓히기 위한 홍보에도 꾸준히 투자하고 있다. 이는 단순한 친환경 트렌드를 따르는 마케팅 전략에 그치지 않고, ESG 경영을 통한 기업 브랜딩을 장기적으로 기획해 실행에 옮긴 대표적인 사례로 꼽을 수 있다. 그녀는 "단순히 제품을 납품하는 것에 그치지 않고, 소비자들이 우리 브랜드를 '환경을 생각하는 기업'으로 인식해 줄 때 가장 큰 보람을 느낀다"라고 말했다. 이는 곧 ESG 경영이 단순히 경영자의 개인적인 환경 의식, 혹은 선한 영향력을 끼치고 싶다는 일시적인 선행을 넘어 높은 상표 가치를 유지하기 위해 소비자들과 지속적인 관계를 구축하고 그 신뢰를 이어 나가는 하나의 동력으로 ESG를 활용하고 있다는 뜻이다. '소비자와의 신뢰', 그 것은 최근 기업경영에서 가장 중요한 장기 발전 플랜의 주요 요소 중 하나로 손꼽힌다. 경영자는 지속 가능한 기업 모델을 설계하고 끊임없이 성장시켜 나가야 할 책임을 짊어지고 있다. 그리고 ESG는 과거 과도한 투자금과 낮은 수익률, 기업경영에 적합하지 않은 의식으로 취급받던 시대를 벗어나 이제 성공적인 경영을 원하는 모든 기업이 전략적으로 접근해야 하는 필수적 요소가 되었다. 따라서 미래 기업을 성장시키고 경쟁력을 확보하고 싶은 경영자라면 반드시 ESG를 높이 평가하고, 모든 경영의 기본 방침으로 여겨야 한다. 급변하는 시대적 흐름에 발맞춰서 고객과 시장을 사로잡고, 지속적인 성장을 이뤄내는 기업만이 살아남을 수 있기 때문이다. 이에 따라 ESG 경영의 성공을 위해, 리더십의 유형과 적합성, 기업의 방향을 결정짓는 철학, 그리고 경영자의 중대한 선택을 심도 있게 생각해야 한다.

이러한 ESG 성공 사례는 기업의 경쟁력 우위 확보에 얼마나 중요한 전략인지를 증명한다. 고객과 시장은 기업의 신뢰도를 가늠하는 핵심 잣대로 ESG를 활용하고 있다. 그렇다면 기업 문화에 ESG 가치를 정착시키는 핵심 동인은 무엇일까? 결국, ESG 경영의 성패는 리더십에 달려 있다. 단순한 기술적 공시나 일회성 이벤트 추진만으로는 진정한 ESG 경영을 실현할 수 없다. ESG가 기업 문화에 깊이 스며들고, 유의미한 성과를 창출하기 위해서는 경영진의 흔들리지 않는 굳건한 의지와 기업의 핵심 가치가 뒷받침되어야 한다. 그래야 진정한 ESG 경영의 꽃을 피울 수 있다.

❎ 리더십이 ESG 경영을 성공으로 이끈다

이미 공개된 수많은 사례에서 ESG 경영의 중요성은 입증되었다. 하지만 여전히 어떤 리더십이 ESG 경영의 가장 이상적인 모델인지에 대해서는 뚜렷한 답이 없다. 국토경제신문 기자 시절, 현장에서 직접 목격한 ESG 경영의 핵심은 '리더의 강력한 의지'였다. 단적인 예로, 당시 몇몇 기업들은 단기적인 손실을 감수하면서까지 장기적인 비전을 택하는 과감한 결단을 내렸다. 그중 대표적인 사례가 있다. 한국서부발전과 한국어촌어항공단은 〈어촌 경쟁력 강화를 통한 사회적 가치 실현〉 업무협약을 체결했다. 서부발전은 전력 판매 수익 일부를 지역사회에 환원하고, 공단은 어촌뉴딜300사업 등과 연계해 어민 소득 증대에 기여할 계획1을 세웠다. 이 사례는 ESG 경영이 단지 추상적인 개념이 아니라, 현실 속에서 프로젝트를 통해 실현될 수 있음을 보여준다. 서부발전은 단순히 전력을 판매하는 기업의 역할에 머무르지 않고, 어촌 지역의 지속 가능성과 경제적 자립을 지원하는 사회적 책임을 실천했다. 이는 곧 '환경(E)', '사회(S)', '지배구조(G)' 전 영역을 아우르는 ESG의 실천이라 할 수 있다.

반면, ESG가 실패하는 지점 역시 리더십에서 비롯된다. 한 제조기업의 ESG 실무 책임자는 내부 회의를 통해 지속 가능 경영전략과 실행 예산을 보고했지만, 경영진은 ESG 등급만 올리면 된다며 실행은 뒷전으로 미뤘다고 한다.[2] 이는 외적인 지표 달성에만 치중한, 소위 '보여주기식 ESG'의 대표적인 사례다.

❌ 진정성이 결여된 ESG는 기업의 지속 가능성을 위협한다

다수의 기업들이 ESG의 본질보다는 형식에만 집중하고 있다. 예를 들어, 일회성 봉사활동으로 사회적 책임을 다했다고 주장하거나 친환경 포장재를 도입한 것만으로 환경 경영을 했다고 홍보하는 경우가 있다. 그러나 진정성 없는 ESG 경영은 소비자와 투자자의 신뢰를 잃는 지름길이 될 수 있다. 실제로 이러한 방식은 'ESG 쇼(Show)'나 '그린워싱(Greenwashing, 실질적인 친환경 성과 없이 친환경적인 이미지로 위장하는 기업 홍보 행위)'이라는 비판을 피하기 어렵다. ESG가 '진심'이 아닌 '전략'으로 소비될 때, 기업은 장기적으로 평판과 브랜드 가치에서 큰 손해를 입게 된다. 나아가 기업의 지속 가능성 자체를 위협받을 수도 있다. 진정한 ESG 경영은 보여주기식 활동이 아니라, 조직 내부 구조의 변화에서 시작된다. ESG는 기업 철학과 전략의 중심에 자리해야 한다. 이를 일관되게 실천하는 경영자의 리더십이야말로 가장 핵심적인 요소다. 해외에서는 이를 증명한 사례들이 있다. 덴마크의 Orsted와 핀란드의 Neste는 화석연료 중심의 기존 사업모델을 과감히 포기하고, 재생에너지와 지속 가능한 연료 산업으로 전환한 대표적인 기업이다. 이들은 단기적인 손실을 감수하면서도 눈앞의 이익보다 지속 가능한 미래를 향한 장기적인 비전을 우선시했다. 단순한 수치나 등급 향상에 매몰되지 않고, 기업의 근간을 변화시키는 전략적 결단. 그것이 진정한 ESG 리더십의 핵심이다.³ 이 사례를 통해 우리는 질문 하나를 던져볼 수 있다. 기업이 지향해야 할 최우선의 목표로서 '이익'과 '지속 가능한 세상을 만들기 위한 책임', 이 두 가지 상반된 가치를 어떻게 해야 함께 짊어질 수 있을 것인가 하는 점이다. 만일 그 답을 알고 있다면 그 사람이야말로 미래 ESG 경영을 이끌어갈 차세대 리더라 할 수 있을 것이다.

✖ ESG는 기업의 생존 전략

Lisa Fairfax 교수는 ESG를 둘러싼 오해와 혼란의 근본 원인으로 많은 사람들이 '거버넌스(G)'의 개념을 제대로 이해하지 못하기 때문이라고 지적한다. 그녀는 "ESG의 핵심은 거버넌스이며, 이것이야말로 다른 모든 요소를 움직이게 하는 기반이다"라고 강조한다. 그녀는 《하버드 비즈니스 리뷰》 기고문인 〈Unmasking Why Governance Is the Most Important Component of ESG〉를 통해, 거버넌스가 ESG 중 가장 중요한 요소임을 논증하고 있다. 이는 'ESG = 착한 기업'이 되기 위한 윤리적 기준으로 보는 일부의 의견을 정면으로 반박하는 것이다. 그녀는 ESG가 착함이나 나쁨 같은 도덕적 기준이 아닌, 자본주의 경제 속에서 생존할 수 있는가를 결정짓는 하나의 이론이자 지속 가능한 성장을 도모하기 위해 반드시 갖춰야 할 전략 중 하나임을 분명히 한다. 기업이 지금까지처럼 인권 침해, 환경 파괴, 불투명한 지배구조를 의도적으로 간과하거나 유도하는 것을 용납해서는 안 된다는 것이다. 한때는 그런 것이 자본주의 체제에서 부득이하게 발생하는 작은 부작용처럼 취급한 적도 있었다. 하지만 실제 그런 문제들은 결국 소비자들의 시장에 대한 신뢰를 떨어뜨려 투자자를 이탈시키고, 규제 리스크로 이어지면서 시장의 성장을 막는 주요 요인이 되고 말았다.[4]

그러니 이제 기업이 나서서 시장의 신뢰를 되찾고 안정적인 시장 만들기에 동참해야 할 의무를 부여하자는 것이 ESG라 할 수 있다. 만일 기업이 ESG를 전략적으로 수용해 실행해 나간다면 우리는 더 이상 환경적, 사회적 부담과 리스크를 감당하지 않아도 된다. 사회 시스템은 신뢰를 되찾을 수 있으며 투명한 경영 구조하에 더 큰 장기적인 가치를 창출해 낼 수 있다. 그러니 ESG는 단기적인 수익 감소는 불가피할 수 있지만, 장기적으로는 지속 가능한 기업, 더 발전할 수 있는 길로 나아가는 방법이 될 것이다. ESG 경영 시대의 리더십은 세 가지 핵심 질문에 대한 명확한 해답을 제시해야 한다.

1. 우리는 세상의 어떤 문제를 해결하고 있는가?
2. 이 사업은 10년 후에도 지속 가능한가?
3. 우리는 돈을 어떤 방식으로 벌고 있는가?

 이 질문에 답하지 못한다면, 그 조직은 이미 ESG 시대의 경쟁에서 도태되고 있을지도 모른다. ESG 리더십은 단순한 사회적 책임을 넘어, 기업의 존재 이유와 방향성에 대한 근본적인 고민을 요구한다. 재무적 성공을 넘어서는 지속 가능한 경영의 중심에, 바로 ESG가 있다. ESG는 변화가 아닌 '진화'이며, 미래를 내다보는 리더만이 이 흐름을 기회로 전환시킬 수 있다. ESG 시대의 리더는, 단순히 숫자를 맞추는 관리자가 아닌, 세상을 바꾸는 철학자이자 실천가여야 한다.

ESG 경영을 모르는 리더십은 급속히 사라진다

"리더십은 변하지 않는다고 생각했던 시대는 끝났다"

한양대학교 교육공학과 박사과정에서 3년간 리더십 이론을 체계적으로 배우고, 다양한 조직 내 리더십 사례를 연구해 왔다. 특히 "국내 항공사 승무원이 인지한 임파워링 리더십, 잡 크래프팅, 직무 열의 간의 구조적 관계"[5]와 "임파워링 리더십과 직무 열의 간의 관계에서 성격 5요인의 조절된 매개효과"[6]를 주제로 학술대회에서 논문을 발표하고 KCI등재 학술지에 게재한 바 있다. 이러한 리더십 연구들을 통해, 구성원의 자율성과 몰입, 성장을 유도하는 '사람 중심의 리더십'이야말로 현대 조직의 지속 가능한 발전에 중요한 역할을 한다는 사실을 깨달았다.

사람을 중시하는 리더십은 ESG 경영에서도 매우 중요한 부분이다. 이는 모든 구성원과 이해 관계자 모두의 삶을 더 풍요롭게 만들고, 미래를 향한 군건한 지속 가능성을 확립해 경쟁력과 신뢰를 동시에 확보하는 새롭고 혁신적인 리더십의 황금률을 제시한다. 앞으로의 미래 경영을 이끌어갈 리더는 사람과 신뢰를 얻어야만 시장에서 뒤처지지 않을 수 있다.

그러므로, 지금까지 연구된 리더십에 관한 이론을 토대로 ESG 경영이라는 새로운 시대적 흐름에 맞춰 미래 지향적 리더십의 나아갈 길과 그 실현을 위한 구체적인 전략을 열정적으로 제안할 것이다.

'진정한 사람을 향하는 ESG 리더십'의 중요성은 최근 연구 결과들이 생생하게 증명하고 있다. 〈공기업 ESG 리더십 연구 : 에너지 공기업 사례 비교〉는 ESG 경영이 재정적 이익뿐만 아니라 사회 전체에 공공재를 제공하는 중요한 방법이 될 수 있음을 보여준다. 특히 국가 경제의 중추인 공기업에서 ESG 전략은 필수적이며, 이는 민간 기업에도 긍정적인 영향을 미친다는 것을 알 수 있다. 프랑스 EDF와 한국전력공사의 사례를 비교한 연구에서는 두 공기업이 환경(E) 측면에서는 전략을 세웠지만, 사회(S)와 지배구조(G) 측면에서는 전략적 비전이 부족하다는 점을 지적하고 있다. 이에 따라 공기업도 시민사회와 협력을 강화하고, ESG의 세 가지 요소를 구체적으로 실천할 수 있도록 해야 한다고 언급하였다.

또한 〈조직구성원의 ESG 경영활동 인식이 혁신행동에 미치는 영향〉은 ESG 경영이 기업 내 구성원들의 행동에도 영향을 미친다고 보여준다. 이 연구는 ESG 경영 활동에 대한 구성원의 인식이 일의 의미를 통해 혁신적인 행동에 긍정적인 영향을 미친다고 밝혔다. 아울러, 상사의 코칭 리더십이 이를 더욱 강화한다는 점도 실험적으로 증명되었다. 즉, ESG는 조직문화와 개인의 동기 부여, 성과와 직결된다는 것이다.[8] 이는 ESG 경영이 단순히 환경 보호 활동이나 일회성 사회 공헌에 그치지 않고, 내부적으로 신뢰를 바탕으로 진정성 있게 실행해야 한다는 교훈을 준다.

◈ 진정한 ESG 리더십은 결국 행동으로 증명된다

실제 기업 현장에서도 이러한 변화가 일어나고 있다. 대표적인 예로 SK에코플랜트의 ESG 경영을 들 수 있다. SK에코플랜트 김형근 사장은 취임 이후 ESG 기반의 비즈니스 모델(BM) 전환을 이끌며, 건설 중심의 기업을 폐기물 및 에너지 중심의 친환경 기업으로 변화시켰다. SK에코플랜트는 기후변화 대응을 위한 Net Zero 목표를 설정하고, 이 목표를 경영진의 KPI에 반영하고, 전사적으로 이행하고 있다. 특히 '2040 Net Zero'를 목표로 설정하고, 온실가스 감축 계획을 과학 기반 목표(SBTi)를 통해 대외적으로 인증받은 것은 ESG 리더십의 실행력과 신뢰성, 일관성을 보여주는 대표 사례다. 또한 사회적 책임(S) 측면에서도 SK에코플랜트는 협력사와의 동반성장, 안전보건 강화 등 포용적인 조직문화에 필요한 많은 요소를 바꿔 가고 있어 ESG 리더십의 실천적 모델 중 하나로 주목받고 있다.[9]

이처럼 ESG 경영은 이미 리더십의 새로운 기준이 되었다. 기업의 구성원, 관계자, 사회의 일반 국민들까지 더 이상 단기적인 이익만을 좇는 전통적인 리더십을 지지하지 않는다. 미래를 향한 지속 가능한 발걸음은 권한과 통제라는 낡은 틀에 갇힌 전통적인 리더십만으로는 결코 내디딜 수 없다는 공감대가 점점 커지고 있다. 따라서 그들이 리더에게 요구하는 것은 장기적인 관점에서 지속 가능한 미래를 만들기 위한 구체적인 대안 마련, 사회와 소통하며 기여하겠다는 동반자적 책임 의식을 행동으로 보여주는 것이다. 그런 리더만이 미래 ESG 기업의 리더로 인정받을 수 있을 것이다.

'왜 리더가 가장 먼저 바뀌어야 하는가?' 어떤 시대든 '리더'는 모든 변화를 가장 먼저 눈치채고, 가장 먼저 준비하는 사람이어야 했다. 단기적인 성과만을 추구하는 전통적인 리더십은 더 이상 유효하지 않다. 지속 가능성, 신뢰, 책임을 중심으로 한 ESG 리더십만이 조직을 미래로 이끌 수 있다. ESG 경영은 선택이 아니라 필수이며, 이를 실천하지 않는 기업은 미래의 경쟁에서 뒤처질 수밖에 없을 것이니 미래 리더가 되고 싶은 사람이라면, 지금부터 자신의 협업 능력과 소통 능력을 행동을 통해 증명해야 한다. 미래를 설계하고 책임질 수 있는 창조적 리더(creative leader)가 되어야 하는 것이다.

물론 ESG 경영의 성공이 단지 기업 내 몇몇 리더의 노력만으로 모두 달성되는 것은 아니다. 그 아래 구성원들 역시 자신이 맡은 소임과 사회적 책임을 다해야 하며, 사회와 국가 역시 환경, 사회, 지배구조 전반이 기업 발전과 발을 맞춰 나가야 할 것이다. 이러한 노력은 기업이 신뢰를 쌓아 올리는 든든한 주춧돌이 되어, 힘차게 약동하는 지속 가능한 성장이라는 눈부신 결실을 맺게 할 것이다. 그러나 많은 기업들이 ESG 경영을 실천하는 과정에서 리소스 부족, 전문성 부족, 단기 성과 추구의 유혹 등의 도전에 직면한다. 이런 도전을 극복하려면, 기업은 ESG 경영의 ROI(Return on Investment, 투자 대비 수익)를 명확히 측정하고, 단기 성과와 장기 비전을 균형 있게 유지할 수 있는 전략을 개발해야 한다. ESG 경영을 제대로 이해하고 실천하는 리더는 이러한 과정 속에서 기업의 미래를 이끄는 중요한 역할을 하게 된다. 앞으로의 리더는 조직의 성과를 넘어, 사회에 긍정적인 가치를 남기는 존재여야 한다. ESG 리더십은 바로 그 길을 여는 중요한 열쇠다.

탑다운이 아닌 서번트 리더십, ESG 시대의 필수 리더십

"ESG 경영이 성공하려면, 리더십부터 바뀌어야 한다."

ESG 시대에는 구성원의 가치를 존중하고, 공동의 비전을 촉진하며, 협력적 공동체를 중시하는 리더십이 요구된다. 이를 대표하는 서번트 리더십은 구성원의 성장을 우선시하고, 조직 안에서 상호 존중과 참여를 이끌어내는 방식이다(Spears, 1996, 재인용, 황은진, 2021).[10] 그린리프(Greenleaf)는 "리더는 먼저 섬기는 사람(servant)이어야 하며, 그다음에 리더가 된다"라고 하며, 진정한 리더십은 봉사의 마음에서 출발해 타인의 성장과 공동체의 번영으로 이어져야 한다고 강조했다(Greenleaf, 1977, 재인용, 김형규, 2007).[11] 국내에서도 〈서번트 리더십 연구 체계적 논문 고찰

(2021))을 통해 서번트 리더십의 개념과 특징 등 국내외 연구 동향이 정리되었고, 조직문화에 적용할 수 있는 가능성도 함께 논의되었다.[12] 서번트 리더십이 단순히 리더십의 한 종류를 넘어서 가장 미래형 기업문화라고 일컬어지는 ESG 경영 기업에서 갖춰야 할 핵심적인 리더십 문화, 철학으로 부각되고 있다는 것이다.

그렇다면 서번트 리더십의 진정한 핵심, 리더십의 정수(精髓)는 과연 무엇일까? 궁극적인 목적은 리더와 구성원이 가진 서로의 잠재력을 최대한으로 끌어내 성장시키는 것이라 할 수 있다. 서로 귀 기울이고 마음을 나누는 소통의 향연이 펼치는 곳, 열린 대화가 숨 쉬는 공간. 바로 그곳에서 우리는 서로를 더 깊이 이해하게 된다. 이처럼 편안한 분위기 속에서는 권한을 나누고 함께 성장하는 시너지가 자연스럽게 꽃핀다. 하지만 이토록 이상적인 조직 문화를 만들어가는 길은 결코 쉽지 않다. 대부분의 기업 혹은 공공 조직에서는 여전히 위에서부터 아래로 내려오는 '탑다운(top-down)' 방식의 의사결정 방식을 익숙하게 사용한다. 하지만 권력 구조가 단단하고 구성원 간의 거리가 멀고, 관계가 소원할수록 서번트 리더십은 자리 잡기가 어렵다. 즉, 서번트 리더십이 잘 작동하게 하기 위해서는 누구에게나 열린 소통의 구조 속에 실천의 폭을 넓혀주어야 한다는 뜻이다. 서 번트 리더십을 실천하는 리더는 단순히 지시자가 아니라 모든 구성원들과 함께한다는 마음가짐으로 비전과 구체적인 실행 목표, 과정, 예상되는 결과에 이르기까지 정보를 공유하며 함께 노력하는 동료이자 촉진자여야 한다. 그래야만 구성원들이 리더로서 능력과 책임을 신뢰하고, 자유롭게 의견을 제시하며 더 활발한 토론 분위기가 형성될 수 있을 것이다.

ESG 시대, 위기의 기업을 바꾼 것은 리더십이었다

[사례 1] 유한양행 조욱제 사장 : 서번트 리더십의 실천

유한양행 조욱제 사장은 "직원이 일하고 싶은 직장"이라는 비전을 중심에 두고 서번트 리더십을 실천해 왔다. 그는 '명령하는 리더'가 아니라 '직원을 섬기는 리더'이다. 상명하복의 의사 전달 방식이 아닌 구성원들과 같은 위치에서 모든 의견을 청취하여, 구성원들의 성장을 지원하는 리더십을 선보인다. 그 결과 유한양행은 여성가족부로부터 가족친화기업으로 인증을 받을 만큼 독특하고 좋은 업무 환경을 인정받았다.[13] 이는 '상호 존중'과 '구성원들의 성장'을 중요시하는 유한양행만의 철학이 조직 문화로 훌륭히 정착되었다는 것을 보여주는 대표적인 사례라고 할 수 있다.

■ [사례 2] 월마트 : ESG 경영과 서번트 리더십의 전환

월마트는 한때 노동 착취, 인권침해 등으로 비판의 중심에 섰던 글로벌 기업이었다. 하지만 문제를 직시한 후 꾸준히 기후변화에 대응할 방안을 마련하고 공급망과 윤리의식을 개선하는가 하면, 지역사회에 기여할 수 있는 방안을 마련하는 등 변화를 시도했다. '근면, 성실, 절약, 충성' 등 기독교에서 말하는 '청지기 정신(Stewardship)'을 반영한 새로운 월마트의 경영 윤리는 기존 월마트를 향한 노동 착취, 차별의 이미지를 타파하기에 적합했고 대신 포용과 형평을 중심으로 바뀐 조직 문화가 마트를 홍보할 대체제로 알려지기 시작하였다.[14] 이는 책임과 봉사에 기반한 리더십의 전환이 기업 전체의 흥망을 결정짓는 중요한 변곡점이 된 대표적인 사례라 할 수 있다.

우리는 위 사례를 통해 월마트가 어떻게 리더십의 전환을 통해 위기를 극복했는지 알 수 있다. 그와 동시에 ESG 경영을 통해 사회적 책임까지 완수하려는 다른 많은 기업에게 좋은 본보기가 되어준다고도 볼 수 있다. ESG 경영이라는 새로운 나침반을 손에 쥐고 리더십의 항로(航路)를 재설정한 월마트. 단순한 겉치레나 마케팅 수단으로 활용한 것이 아니라, 기업의 핵심 가치에 깊이 뿌리내린 진정성을 토대로 고객과의 신뢰를 쌓아 올

리는 현명함을 선택했다. 장기적인 안목으로 변화를 추구하는 성숙한 경영 철학, 그리고 실제로 새롭게 피어난 기업 문화, 이 모든 것이 어우러져 월마트 ESG 경영의 진정성에 빛을 더해 기업의 운명을 극적으로 바꿔놓았다.

이처럼 서번트 리더십은 단순히 리더가 동료, 고객을 대하는 자세에 '섬김'을 반영하는 것에 그치지 않는다. 그것을 넘어 조직의 근본적인 부분까지 바꿀 수 있다는 변화를 향한 진정성을 보여주고, 보다 자율적이고 책임감 높은 조직문화를 구축해 나갈 수 있게 이끌어준다. 단순한 관리자가 아닌, 현대 시대의 변화를 예측하고 조직 구성원들에게 미래를 비추는 등대, 함께 거센 파도를 헤쳐나갈 나침반과 같은 리더십을 보여주는 것이다. 그리고 그 나침반이 가진 기능에 대한 믿음만 있다면 그 회사의 모든 구성원들은 자신이 가진 존재감에 긍지를 갖고 자기 업무에 충실할 것이다.

이 감동적인 사례가 우리에게 전하는 메시지는 능력 있고 유연한 리더가 이끄는 조직은 그 자체로 매우 높은 발전 가능성을 가질 수 있다는 것이다. 또한 높은 만족감과 소속감, 그리고 충성도를 가진 구성원들이 많아질 때 기업은 윤리성을 일상에 내재화하고, 공동체 기여와 혁신 실행을 촉진하는 데 더 적극적으로 나설 것이라는 점이다. 따라서 우리는 ESG 경영이라는 이상적인 조직을 잘 운영하기 위해서라도 서번트 리더십을 갖고 모든 구성원들의 나침반이 되어줄 리더를 찾아 세워야 한다.

MZ세대가 기대하는
ESG 경영 리더십

"MZ세대는 이제 ESG를 소비가 아닌 '삶의 태도'로 받아들이고 있다"

스무 살의 필자는 단순한 미의 경쟁을 넘어서 'Green(환경)'이라는 키워드가 중심이 된 ESG 철학이 담긴 미인대회에서 수상하면서, 인생의 방향이 완전히 전환되었다. 이후 권위보다 가치를 중시하는 리더십 현장에 자연스럽게 참여하게 되었고, 삶의 기준 또한 달라지기 시작했다. 2015년, 미스그린인터내셔널 대회의 권순창 위원장님께서 스피치와 워킹 지도를 제안해 주신 것을 계기로, ESG 철학을 전하는 실천의 현장에 본격적으로 뛰어들게 되었다. "비리 없는 대회, 깨끗한 대회"라는 위원장님의 철학은 단순한 운영 방침을 넘어, ESG의 핵심 가치인 '환경 보호(Environment), 사회적 책임(Social), 투명한 운영(Governance)'을 실제로 구현하는 플랫폼이었다. 이 사명에 깊이 공감하며, 필자 역시 참가자들이 아름다움을 넘어 더 나은 세상을 위한 가치를 고민하고 실천할 수 있도록 돕는 일에 헌신해 왔다.

일례로 2019년부터 글로벌 브랜드 'Miss Green Korea'의 내셔널 디렉터로 근무하며 글로벌 브랜드인 'Miss Green International'로 전환에 주도적 역할을 한 바 있다. 이 대회는 Miss, Mrs, Mister 등 세계 미인대회 라이선스를 10개 이상 소유하고 있으며 매년 한국에서도 대표를 선발해 세계 무대에 파견한다. 그중에서도 'Miss Eco International'은 80개국이 참여하는 친환경 미인대회이자 ESG 가치 확산에 기여하는 독특한 이력을 가진 대회 중 하나이다. 또한 Mister 시리즈 같은 경우에도 남성을 위한 세계 대회 브랜드 라이선스로서 올해 11월, 본격적인 운영을 목전에 두고 있다.

국내는 어떨까? 국내 역시 전국 7개 지역별 대표 체계가 마련되어 있어 중앙집중이 아닌 참여형·협력형 리더십 모델 실천에 꾸준한 노력을 기울이고 있다. 대표적으로 각 지역의 대표들이 모여 지역별 ESG 활동 내용에 관해 이야기할 수 있는 커뮤니티를 만들어 좀 더 다양한 ESG 문화 확산을 위해 노력하고 있다. 일례로 미인대회 수상자 선발(진·선·미) 및 ESG 홍보대사 위촉, 다양한 언론을 통한 홍보 방안 마련, 차세대 육성을 위한 교육 프로그램 구축 등을 추진하고 있으니 이는 단순한 대회 운영을 넘어, 끊임없이 성장하는 지속 가능한 플랫폼으로 거듭나고 있다. 일회성 이벤트에 그치지 않고 ESG 가치를 사회에 뿌리내리게 하는 살아 숨 쉬는 기반을 가졌다는 사실에 자부심을 느낀다. 특히, 많은 사람들의 더 나은 삶의 질을 위한 언론 홍보와 교육 프로그램 등을 함께 추진하며 지속 가능한 미래를 위한 플랫폼으로 자리매김하고 있다.

이런 구조적 변화에 민감하게 반응하며, 필자는 자기 주도적 철학을 갖고 성장해 나가야겠다고 결심했다. 이후 지금까지도 기획, 실행, 소통, 평가의 전 과정에 참여하며 전국에 있는 구성원들과 소통하고 있다. 그 소통을 통해 전국 운영진들과 일관된 비전과 브랜드 철학이 공유되기를 바라며, 각 지역별 문화적 특색을 충분히 반영한 ESG 프로그램 개발에도 힘을 쏟아왔다. ESG 경영이 우리와 함께 할 미래가 단순히 보여주기식이 아닌, 참가자의 마음에 진정성 있게 전해지기를 바랐다. ESG의 가치를 생생하게 경험했다는 많은 참가자의 목소리를 들었다. 그 순간, 이 길을 계속 가야겠다는 확신과 함께 큰 감동이 밀려왔다.

❎ 가치로 증명하라 : MZ세대와 ESG 리더십

대회 참가자들이 수상의 기쁨과 함께 세계 무대에서 대한민국을 대표하고 있다는 자긍심과 사명감을 가질 수 있도록 다음과 같은 전략을 실행했다.

첫째, 국제 네트워킹 강화 및 글로벌 브랜드 구축

- Miss Green Korea를 Miss Green International로 브랜드 전환
- 일본, 필리핀 등 세계미인대회 심사 및 시상 참여를 통한 글로벌 네트워킹 기반 구축
- 다양한 문화 콘텐츠(클래식 공연, 성악 등)를 통한 브랜드 품격 상승 도모
- Mister 세계 대회 한국 대표 선발(2025년 11월 정식 운영 예정 / 라이선스 보유)

둘째, ESG 가치 확산 전략 및 국내 조직 강화

- 전국 7개 지역 대표 체계 도입 및 지역 기반 ESG 활동 추진
- SNS와 블로그 등 디지털 커뮤니케이션 활성화
- 지역 특성을 반영한 ESG 실천 프로그램 기획·운영
- 전국 지역 진선미 선발로 우수 인재 발굴

- ESG 홍보대사 위촉을 통한 가치 확산 주도
- 한국 대표 선발로 글로벌 ESG 리더십 강화

"진정한 변화는 말이 아닌 행동으로 나타난다"라는 신념 아래, 필자는 ESG를 철학이자 전략이며, 실천 그 자체로 여겨 왔다. 사람과 사람, 세대와 세대, 지역과 세계가 이어지는 '연결'이야말로 ESG 경영 리더십의 본질이자 가장 큰 힘이라 할 수 있다.

우리 대회는 참가 자격을 제한하는 기준과 참가비가 없다. 지원자 개개인의 지(知), 덕(德), 체(體)를 종합적으로 평가하며 심층 인터뷰와 열정 가득한 합숙 면접 등 공정하고 투명한 선발 과정을 함께 경험하게 된다. 매년 12월 서울 '호텔 리베라'에서 개최되는 '미스그린인터내셔널 리셉션'은 ESG의 철학을 공유하고, 차세대 리더에게 지속 가능한 발전의 가치를 전수하는 매우 특별한 자리로 마련된다.

〈기업의 ESG 경영에 대한 소비자 인식에 관한 연구 : MZ세대를 중심으로〉에 따르면, 최근 국내에서 MZ세대의 소비 성향과 ESG 경영에 대한 관심이 함께 증가하고 있다. 기존의 많은 연구들이 ESG의 재무적 성과에 주로 초점을 맞췄던 반면, 이

연구는 MZ세대가 ESG 경영을 단순한 전략이 아닌 '공감할 수 있는 미션'으로 받아들이며, 그 인식이 제품 및 서비스 구매 의도, 사회적 연결감, 기업 명성 등 무형의 성과에 긍정적인 영향을 미친다는 점을 강조하고 있다.[15] 또한, 〈진정성 있는 ESG는 MZ세대에게 통한다〉라는 기사에서도 확인할 수 있듯, MZ세대는 형식적인 접근이 아닌 진정성 있는 ESG 경영에 더욱 강하게 반응한다.[16] 그 중에 대표적으로, CU 편의점이 선보인 '곰표밀맥주'와 같은 이색 콜라보 상품은 윤리적 소비 트렌드를 반영한 전략으로, '실천과 소통'을 중시하는 MZ세대의 소비 성향을 잘 보여주는 대표적인 사례다.

〈MZ세대가 선호하는 리더 순위는?〉라는 기사에 따르면 MZ세대가 기업에 대한 긍정적 이미지를 형성하는 데 있어 '소통형' 리더십을 가장 선호하는 것으로 나타났다. 전국경제인연합회가 여론조사기관 모노리서치에 의뢰하여 MZ세대 827명을 대상으로 기업(인) 인식 조사를 실시한 결과, 가장 선호하는 경영진의 리더십 유형으로 10명 중 8명이 '소통형'(77.9%)을 선택했다. 반면, 강한 카리스마를 바탕으로 신속한 결정을 내리는 '카리스마형'은 13.9%, 직원에게 권한을 위임하고, 업무 처리 시 자율성을 부여하는 '위임형'은 8.2%로 그쳤다. 결론적으로, 2030 MZ

세대들은 기업의 긍정적 이미지 제고를 위해 필요한 요소로 '기업 내 조직원 간 소통 강화'(37.2%)를 가장 많이 선택했다.[17] 감성적이면서도 투명한 커뮤니케이션은 신뢰를 구축하고, 건강한 조직문화를 조성하는 데 핵심적인 역할을 한다. 내가 경험한 리더십 현장에서도, 이러한 '소통'이야말로 MZ세대가 가장 공감하는 리더십의 본질임을 느꼈다.

결국, MZ세대는 ESG를 유행과 단순한 이론으로 생각하지 않는다. 그들은 그것을 일상 속에서 실현 가능한 사회적 가치로 요구하고 있다. 그만큼 리더는 ESG 전략을 수립하는 데 그치지 않고, 실행 계획과 결과를 투명하게 공유함으로써 MZ세대와의 신뢰를 구축해야 한다. 필자 역시 실천과 공유의 과정을 통해, 지속 가능한 발전의 미래를 함께 만들어갈 수 있는 한 사람으로서, 진정성 있는 발걸음을 이어갈 것이다.

그렇다면 이러한 흐름 속에서 리더는 어떤 역할을 담당해야 하는가? 가장 중요한 점은 리더는 어느 한쪽으로 흐르는 일방적인 흐름에 따르는 지시자여서는 안된다는 것이다. 리더는 늘 구성원 및 사회와 진정성 있게 양방향 소통이 가능한 소통형·실천형 리더'로서의 역할을 수행해야 한다. 그런 면에서 필자의 지난 경험과 진행했던 연구, 그 안에 담긴 실제 사례들은 ESG 경영 리더십이 단순한 구호가 아닌, 실천과 연결을 통해 실현되는 현실임을 보여주는 기회였다. 앞으로도 필자는 ESG 리더십의 가치를 증명해 나가는 한 사람으로서 지속 가능한 미래와 발전을 위한 노력을 게을리하지 않을 것이다.

E? S? G? : ESG의 본질을 아는 리더가 되어야 한다

"ESG는 원대한 계획보다, 지금 실천할 수 있는 작은 행동에서 시작된다."

출근길, 평소처럼 스타벅스에 들러 커피를 주문했다. 그런데 그날, 직원이 내게 물었다.

"고객님, 텀블러 지참하셨나요? 텀블러를 가져오시면 할인도 되고, 환경에도 긍정적인 영향을 줄 수 있어요."

순간, 잠시 멈칫했다. 너무나 당연하게 늘 받아들였던 일회용컵이 새삼 환경 보호라는 큰 가치를 위해 꼭 필요한 실천이 될 수 있다는 깨달음으로 다가왔기 때문이다. '이렇게 작은 행동이, 정말 얼마나 큰 변화를 가져올 수 있을까?' 문득 궁금해졌다. 집에 돌아와 뉴스 기사를 확인해 보니, 스타벅스코리아는 지속 가능성 중장기 전략 'Better Together, 가치있는 같이' 프로젝트를 발표하며 2025년까지 매장 내에서 일회용컵을 중단하겠다는 계획을 밝힌 내용이 있었다.[18] 2025년 현재, 스타벅스 코리아는 '그리너 스타벅스 코리아' 캠페인을 통해 신세계그룹 내 친환경 경영의 상징적 브랜드로 자리 잡았다. 지난 2018년부터 전국 매장에서 종이 빨대 사용을 의무화하고, 빨대 없이 마실 수 있는 리드 도입, 플라스틱 스틱의 목재 대체, 친환경 목재 마감재 사용, 커피 찌꺼기 100% 재활용 등 다양한 환경 정책을 시행하며 플라스틱 저감과 자원 순환을 동시에 실현하고 있다.[19]

그날 이후, 나는 텀블러를 샀고, 이제 어디에서나 자연스럽게 필수품처럼 사용할 수 있게 되었다. 그리고 매일 아침 커피를 마시고 텀블러를 챙길 때마다 '지속 가능성'이라는 가치에 대해 생각해 보는 좋은 순간을 만끽하고 있다. 언제나 ESG가 중요하다고 말했으나 어쩌면 나도 모르는 사이에 그것이 너무 거창한 실천이라고만 생각했던 과거의 나를 부끄러워하며, 이제부터라도 이 커피 한 잔, 한 번의 텀블러 사용이 세상을 바꾸는 데 미력이나마 도움이 되기를 바란다.

❎ ESG, 리더가 반드시 이해하고 실천해야 할 핵심 가치

ESG의 중요성을 이해하고 이를 기업 경영에 반영하는 것은 오늘날 리더에게 있어 선택이 아니라 필수다. 기업의 지속 가능성을 높이고 사회적 신뢰를 구축하기 위해 ESG 경영을 실천하는 것은 장기적인 생존 전략이자, 미래 경쟁력을 확보하는 핵심 요소다. 리더라면 ESG가 단순한 경영 전략을 넘어, 기업과 사회의 지속적인 발전을 위한 필수적인 가치임을 깨달아야 한다. ESG는 환경 보호, 사회적 책임, 그리고 공정한 지배구조를 기반으로 기업이 지속 가능한 성장을 이루도록 돕는 프레임워크이며, 이러한 점은 다양한 연구와 사례를 통해 입증됐다. 예를 들어, 〈지속 가능경영 연구의 현황 및 발전방향 : ESG 평가지표를 중심으로〉에서는 기업의 경제적 성과와 같은 재무적 지표에 초점을 맞추는 것이 일반적인 관행이었지만, 최근에는 비재무적 성과도 함께 고려하는 추세가 나타나고 있다고 분석했다. 특히 환경(environmental), 사회(social), 지배구조(governance)로 구성된 ESG 관련 비재무적 성과가 기업의 지속 가능성을 높인다는 연구 결과가 제시되고 있다.[20] 즉, ESG를 이해하는 것은 리더에게 반드시 필요한 역량이며, 이를 실천하는 것이 기업의 성공을 결정짓는 핵심 요인이다.

환경 보호(Environmental) : 지속 가능한 기업을 위한 필수 전략

《기후위기 시대의 경고 : IPCC 제6차 평가 종합보고서》에 따르면, 지구온난화는 예상보다 빠르게 진행되고 있으며, 2040년 이전에 지구 평균 온도가 1.5도 상승할 것으로 예측된다. 파리협정의 목표를 달성하려면 2030년까지 온실가스 배출량을 2019년 대비 43%, 2035년까지는 60% 감축해야 한다. 그러나 현재 기후정책을 그대로 유지할 경우 2100년까지 지구 온도가 산업화 이전 대비 약 3.2도 상승할 것으로 전망되고 있다. 이는 인류와 생태계에 회복할 수 없는 파국이 예상되고 있다는 의미다. 앞으로 기후 변화 대응을 위한 적극적인 정책적 노력이 필요하다.[21]

스탠퍼드대와 하버드대는 2030~2050년 탄소중립 목표를 추진하기 위해 캠퍼스 건물에서 스마트 에너지 관리 시스템과 태양광 발전을 도입하여 친환경 에너지 사용을 확대했다. 캘리포니아대는 'Zero Waste' 캠페인을 추진하여 2050년까지 캠퍼스 건물에 모든 폐기물을 재활용하는 목표를 세웠고, 음식물 쓰레기 분리배출을 통해 자원 순환에 기여하는 등 ESG의 환경 요소를 실천하고 있다. 해외 대학뿐만 아니라 국내 대학도 에너지 절감 시설 도입과 관련 집중하는 등 ESG 가치를 실현하는 노력을 기울이고 있다.

예를 들어, 서울대·연세대·고려대 등 주요 대학은 에너지 관리 시스템과 태양광 발전 시스템을 도입해 재생에너지 활용을 확대하고 에너지 소비를 줄이고 있다. 한양대는 녹색 공간 조성을 통해 미세먼지 저감 효과를 높이는 데 주력하고 있으며, 성균관대는 친환경 인증을 받은 건물을 확충하는 등 학생들에게 쾌적한 학습 환경을 제공했다. 또한, 부산대와 이화여대는 '제로웨이스트 캠퍼스' 프로젝트를 통해 다회용 컵 사용 캠페인을 진행하고 있으며, 경희대는 학생들이 직접 환경 보호 활동을 기획·실천할 수 있도록 'ESG 서포터즈' 프로그램을 운영해 학생들이 적극적으로 환경 보호활동을 실천할 수 있도록 노력하고 있다.[22] 이는 각 대학이 환경적 책임을 실천하며 지속 가능한 캠퍼스를 구축하려는 구체적인 노력의 일환임을 보여준다.

사회적 책임(Social) : 포용적 경영 및 신뢰 구축

ESG의 사회적 요소는 기업과 공공기관 등 조직이 소외 계층을 포용하고, 모든 이해관계자에게 공정한 기회를 제공해야 한다는 점을 강조한다. CEO들이 ESG 경영이 기업의 생존력 확보에 결정적인 역할을 한다고 강조한 〈ESG의 이해와 ESG 경영을 해야 하는 이유〉에서도 ESG의 사회적 측면을 실천하는 것이 기업의 신뢰도를 높이는 핵심 요소임을 밝히고 있다. ESG 관리는 회사의 무형가치와 장기적 성과를 상승시키고, 기금 자산운용의 수익성과 안정성, 공공성을 강화한다. 특히, 사회적 책임 실천을 통해 국가 경제에 긍정적 기여를 할 수 있으며 사회에 부정적 영향을 줄일 수 있다.[23]

본 논문을 통해 사회적 약자의 정보 접근성 개선이 중요한 사회적 책임(S)임을 확인했다. 특히, 음성수어 영상 변환용 코드 표시와 식품 정보의 점자 제공은 기업의 지속 가능성 강화에 기여한다. 이에 따라 사회적 약자를 포함해 ESG 경영 전략 수립 및 기술적 지원이 기업의 지속 가능성 제고에 중요함을 알 수 있었다.

또한 〈2024 공공부문 통합인사 연차보고서〉에 따르면, 지방자치단체와 중앙부처의 여성 고위직 및 관리자 비율이 꾸준히 상승해 5년 연속으로 임용 목표를 달성하였다. 지방자치단체 5급 이상 여성의 비율이 처음으로 30%를 돌파했고, 중앙부처의 본부 과장급과 고위공무원의 여성 비율도 지속적으로 상승했다. 특히 장애인 고용률과 이공계 공무원 임용률도 매년 증가하는 추세였으며, 2023년 중앙부처 7급 공채에는 지방인재 선발 비율이 처음으로 30%를 달성하였다. 공공기관의 지역인재 채용률도 40.6%였다. 이처럼 기업뿐만 아니라 중앙부처와 지방자치단체, 공공기관 등 장애인과 여성의 채용 확대, 평등한 기회 제공 등을 포함한 포용적 경영을 실천하는 동시에, 사회적 기업과 협력하여 지역 사회 문제 해결에도 앞장서고 있다.[24] 이러한 움직임은 소비자와 투자자의 신뢰를 높이는 데 큰 영향을 미치며, 조직이 지속 가능한 성장을 하기 위해 중요한 요소로 작용한다. 따라서 리더는 사회적 책임을 실천하는 경영이 곧 기업의 신뢰와 지속 가능성을 좌우한다는 점을 깊이 인식하고, 조직을 이끌어야 한다.

투명한 지배구조(Governance) : 공정한 경영을 위한 필수 조건

투명한 경영 원칙을 실천하는 기업일수록 시장에서 더 높은 경쟁력을 확보할 수 있고, 지속 가능한 성장이라는 미래를 우리 손으로 만들어갈 수 있다. 이에 ESG 경영의 세 가지 핵심 요소 중 마지막 축은 '지배구조'이다. 지배구조는 기업 경영이 책임감과 신뢰를 기반으로 운영될 수 있도록 돕는 역할을 맡는다.

〈해외 탄소중립 캠퍼스 사례 분석 : 미국 종합대학 사례를 중심으로〉에 따르면, 미국 대학교의 탄소중립 캠퍼스 전환에서 공통적인 특징은 재생에너지 구매다. 특히, UC버클리는 '지속 가능성과 탄소솔루션 부서'와 '에너지 부서'를 운영하며 회계 사항과 기후환경 관련 전략을 투명하게 보고한다. 이와 함께 태양광 사업 등을 위한 펀드도 학교에서 운용하고 있다.[25] 이에 따라 재생에너지 구매, 관리 시스템, 그리고 체계적인 보고는 ESG의 'G'(지배구조) 측면에서 투명한 지배구조 구축 사례에 해당한다.

리더에게는 자신이 경영하는 조직이 좀 더 투명하고 신뢰받는 지배구조를 갖추도록 해야 할 의무가 있다. 우선 내부 정책을 강화해야 하며, 더불어 공정한 경영 문화를 조성할 수 있는 방안을 마련해야 한다. 그런 노력을 통해 ESG 경영의 요소를 충족하는 조직만이 진정한 '지속 가능성'을 확보하고 성장할 수 있기 때문이다.

누군가는 ESG 경영이 한 때 지나가는 경영 트렌드에 불과하다고 말하기도 했다. 하지만 이는 조직을 경영하는 철학 기조이자 하나의 문화로 더 널리 정착되어야 하는 것이다. 그리고 진정 미래 지향적인 리더십을 지향하는 리더라면 앞으로도 ESG의 가치를 실천할 방안을 끊임없이 강구하며 모든 구성원들과 더 진정성 있는 소통을 위해 노력해야 할 것이다. 필자 역시 매일 스스로의 선택과 행동이 좀 더 이상적인 ESG 경영에 가까워질 수 있도록 지속적인 자기 성찰과 실천을 멈추지 않고 이어갈 것이다.

작은 실천들이 모여 기업 내부의 ESG 문화가 형성되고,

장기적으로 큰 변화를 이끌어내는 원동력이 된다.

# 2장

왜 ESG 경영을
해야 하는가?

ESG는 단순한 마케팅이 아니라 경영의 본질이다.

ESG 경영은 기업의 지속 가능한 성장을 이끄는 핵심 전략이다

"이제 ESG 경영은 기업의 생존과 성장을 좌우하는 필수 전략으로 자리 잡았다."

ESG 경영은 환경 보호, 사회적 가치 창출, 윤리적 운영을 실천하는 경영 방식으로, 기업의 지속 가능성을 높이는 데 핵심적인 전략이다. 최근 ESG는 단순한 트렌드를 넘어 기업 평가의 주요 기준으로 작용하고 있으며, 중소기업 사이에서도 도입 사례가 확산되고 있다. 이는 ESG가 대기업뿐 아니라 중소기업에도 필수적인 기업 경영 패러다임으로 인식되고 있음을 보여준다.[26]

중소기업의 경우 지역사회와 산업 생태계의 가장 지척에서 근간을 이루고 있기 때문에 ESG 경영이야말로 중소기업의 단단한 성장과 날카로운 경쟁력을 만들어 낼 마법의 열쇠, 미래를 향한 강력한 도약대가 될 것이다. ESG를 중소기업이 적극 도입하면 미래 경쟁력 확보, 비용 절감, 구성원들의 직무 만족도 향상, 신규 거래처 개척 및 확보 등 많은 장점을 기대할 수 있다.[27]

또한 외적으로도 분명 지역 경제 활성화와 일자리 창출 등에도 매우 긍정적인 영향을 줄 수 있을 것으로 기대된다. 기업의 업종이나 크기에 관계 없이 교육 업계 등 예상 외의 분야에서도 ESG가 파급되어 얼마나 많은 것을 바꿔 나갈 수 있을지도 기대된다. 실제 정부나 금융권에서도 중소기업을 향한 금융권 지원이나 법적 규제 완화 등 성장 동력 확보에 도움이 될 수 있는 지원 방안을 꾸준히 모색, 협조하고 있어 그들이 어떤 시너지 효과를 불러올 수 있을지 주목된다.

물론 ESG 경영에 반드시 거창한 프로젝트나 대규모 투자가 필요한 것은 아니다. 기존 제품의 포장재를 친환경 소재로 전환하거나, 직원 복지 제도를 강화하는 등 일상적인 경영 활동에 ESG 요소를 하나씩 녹여내는 것이 효과적인 출발점이 될 수 있다.[28] 이처럼 작은 실천들이 모여 기업 내부의 ESG 문화가 형성되고, 장기적으로 큰 변화를 이끌어내는 원동력이 된다.

ESG 경영을 통해 기업은 사회적 신뢰와 고객 충성도를 확보함으로써 새로운 분야를 개척할 자신감을 얻을 수 있을 것이다. 그리하여 더 전략적인 고객 가치 영업과 원가관리를 도모하고 그것이 또 다시 비용 절감과 효율성 극대화까지 이어질 수 있다면 이는 단기적인 성과를 넘어 장기적인 기업 가치 실현으로 이어질 수 있을 것이다.

ESG, 가능성을 증명하는 기업들

ESG 우수기업 사례는 중소기업들에게 실천 가능성과 방향성을 보여준다. LG생활건강은 '최고의 지속 가능 일용소비재 기업'이라는 비전을 바탕으로 9년 연속 ESG 종합 A등급을 유지하고 있다. 이 기업은 환경, 사회, 지배구조 부문에서 탁월한 성과를 내었으며, 여성과 노인·청소년 인권 증진에도 앞장서며 ESG 가치 실현을 추진 중이다.[29] 대기업 사례이지만, 중소기업도 충분히 참고할 만한 실천 전략을 담고 있다. ESG 경영이 기업 생존에 필수적이라는 점에서, 환경 플랜트 전문기업 등 규제 강화 시 미대응 기업이 수출에 어려움을 겪을 것으로 전망됐다. 이에 정부와 지자체의 적극적 지원과 인센티브 제공, 구체적 가이드라인 마련, 공공기관의 ESG 실천 및 친환경 기술 개발 장려가 필요하다고 제언했다.

중소기업 ㈜그룬은 환경 플랜트 전문기업이다. 이 기업은 환경 보호 활동, 사회공헌, 지배구조 개선 등 ESG 경영을 다각도로 실천하며 모범 사례로 주목받고 있다. 이 기업은 글로벌 공급망과 ESG 평가 기준에 부합하기 위한 체계적인 준비를 통해 기업 이미지 제고와 거래 기회 확대라는 실질적인 성과를 거두었다. 특히, ESG 경영이 기업의 미래를 결정하는 핵심 요소로 떠오르면서, 환경 규제에 발 빠르게 대응하지 못하는 기업은 세계 시장에서 고전을 면치 못할 것으로 예상된다. 갈수록 엄격해지는 국제적인 ESG 기준을 충족하지 못한다면 수출길이 막히는 위기에 직면할 수 있다는 전망이다. 이에 따라 지자체와 정부는 구체적인 가이드라인 마련, 공공기관의 ESG 실천, 친환경 기술 개발 장려, 인센티브 제공 등 적극적인 지원이 필요하다고 밝혔다.[30]

ESG 경영이 중소기업 경영에 실제적인 도움이 되려면 정부의 정책은 단순히 실적 위주의 평가에 머물러서는 안 된다. 그보다는 현장의 여건을 두루 고려한 단계별 지원, 실행 중심의 컨설팅 제공에 집중되어야 한다. 그리고 그 내재화에 필요한 요건들이 최대한 이해하기 쉽게 작성된 가이드와 구체적인 실행 방안이 필요하다. 기업 맞춤형 ESG 솔루션을 제공하는 ㈜지속가능파트너스는 중소기업의 ESG 경영 정착을 적극적으로 지원하고 있다. 이 회사는 기업의 특성에 맞춘 맞춤형 교육 및 컨설팅 등 실질적인 실행을 위한 다양한 서비스를 제공한다. 특히, 기업이 공정하고 투명한 가치 사슬을 창출할 수 있게 ESG 공급망 실사와 진단 서비스 등을 지원하며, 지속 가능 경영보고서 작성도 돕는다. 최근에는 중국 진출을 위한 북경 우혜통다자문 서비스유한회사와 MOU도 체결하여 글로벌 ESG 네트워크 확장에도 기여하고 있다. 이번 협약을 통해 ▲한중-중한 ESG 전략 솔루션 개발 및 추진 ▲한중-중한 기업 ESG 컨설팅 협력 지원 ▲산업 동향과 ESG 관련 정보의 상호 교류 등 다양한 분야에서 협력하기로 했다.[31]

이처럼 ESG는 단지 윤리적 책임을 넘어 기업의 생존 전략이 되었다. 기후변화와 사회적 불평등이 심화되는 오늘날, ESG 성과는 투자 유치, 비용 절감, 리스크 관리, 브랜드 가치 향상 등 다양한 측면에서 기업 경쟁력을 강화하는 중요한 기준으로 작용하고 있다.[32] 따라서 중소기업도 ESG 경영을 적극적으로 도입해야 하며, 산업 특성과 경영 여건을 반영한 단계적 접근과 정부 지원이 병행될 때 더욱 효과적인 실천이 가능하다.

'2024 UNGC 코리아 리더스 서밋'에서도 ESG 경영의 핵심 과제와 해법이 논의되었다. AI 시대의 데이터 의존 문제, 재생에너지 투자 시 전력망 개통 이슈, 그린워싱 대응을 위한 중대성 평가 체계 마련 등 ESG 경영의 도전 과제들이 제기되었다. 특히, 기업이 금융으로 지속 가능 발전을 모색할 수 있는 방법 중 하나인 ESG채권 발행을 통한 지속 가능 발전 방향도 제안됐다. ESG채권은 환경·사회·지배구조 개선 등 사회적 책임투자를 목적으로 발행되는 채권이다. ESG채권 종류는 녹색채권·사회적채권·지속가능연계채권 등이 있다.[33] 이처럼 기업들이 ESG를 유행이나 비용이 아닌 문화로 정착시키고, 정부와 협력해 산업 전반의 상생 체계를 마련한다면, 이는 국가의 지속 가능한 성장 동력을 강화하는 기반이 될 것이다.

결국, ESG 경영은 기업의 생존 전략을 넘어서, 사회적 책임을 다하고 미래 세대와 함께 지속 가능한 발전을 이루는 데 필수적인 역할을 한다. 이는 "ESG는 어떤 기업으로 기억되고 싶은가?"라는 근본적인 질문과 맞닿아 있고, 이제는 행동으로 그 가치를 증명할 시간이다.

변화하는 규제와 법적 요구 사항에 대응하는 ESG 경영

"ESG 규제가 기업 경영의 새로운 기준이 되고 있다."

최근 ESG 경영은 규제 대응과 기업 경쟁력 확보를 위한 핵심 전략으로 부상하고 있다. 이는 이해관계자의 기대 충족과 위험 관리 및 투자자들의 ESG 요소 반영, 규정 준수, 평판 관리 등을 위한 대응 차원에서도 필요성이 증대되고 있다.[34] ESG 경영을 통해 기업은 장기적인 지속 가능성과 경쟁력을 확보할 수 있으며, 환경과 사회적 가치에도 긍정적인 영향을 미칠 수 있다.

이해관계자들의 기대가 갈수록 높아지는 현재, 기업은 단기적인 성과에만 집중할 것이 아니라 지속 가능한 성장과 사회적 책임을 함께 고려해야 한다. ESG는 기업의 장기적인 경쟁력을 확보하고 지속 가능한 기반 구축에 실질적인 동기부여를 제공할 수 있다.

특히 ESG는 기업 가치 평가에서 더욱 중요한 요소가 되어가고 있다. ESG 경영은 투명한 지배구조를 바탕으로 사회와 환경에 미치는 영향을 반영함으로써, 기업의 재무적, 비재무적 가치를 동시에 제고하는 것이다. 기업은 점점 강화되는 규제 강화와 ESG 요구 증대 등에 대응하기 위해 ESG 경영을 도입하고 있고, 기업 이미지 향상, 지속 가능성 제고, 리스크 관리, 글로벌 공급망관리 요구 증대 등의 효과를 얻을 수 있다.[35] 기업의 가치를 평가하면서 ESG를 필수 요소로 반영하는 현상은 기업 내부 시스템의 변화까지 요구한다는 뜻이다. 그런 요구에 맞춰 기업은 갈수록 투명한 지배구조를 구축하게 될 수밖에 없다. 더불어 환경사회적 영향까지 생각한 새로운 기업을 만들기 위해 ESG 전략을 수립해 더욱 체계적이고 실질적인 개선안을 모색하는 방향으로 변화하고 있다.

◈ 시장과 소비자가 요구하는 ESG 가치

의류업체 파타고니아는 친환경 소재 활용과 기부 등으로 ESG 경영에 집중하여 비싼 가격에도 매출이 상승하였다. 반면, 제품 자체에는 문제가 없었지만, ESG 측면에서 실패한 일부 기업은 소비자들의 불매운동 대상이 된 사례가 있다. 디즈니는 인권 문제로 블록버스터 영화가 흥행에 참패했고, 국내 식품업체는 갑질 논란으로 시장 점유율이 하락하였다. 이러한 사례들은 ESG 경영 실패가 기업의 실적과 명성에 부정적인 영향을 미칠 수 있음을 보여준다. 소비자들의 사회적 가치 지향성이 높아지면서 ESG 활동을 중요하게 여기며, 이를 고려하여 제품을 구매하는 경향이 증가하고 있다. 향후 사회적 책임을 실천하는 기업의 재무 성과가 우수할 것으로 기대된다.[36]

일찍이 이런 변화를 인정한 수많은 기업은 고객 신뢰를 획득하기 위해 ESG 경영이 그만큼 중요해지기 시작했다. 이는 환경이나 사회적 가치를 실천하는 것에 그치지 않고 실제 기업의 재무적 성과로도 연결되고 있다. 이는 ESG 경영이 시장에서 우위를 확보하기 위한 중요 요소로 인정받고 있음을 뜻한다고 볼 수 있다. ESG는 기업이 지속 가능성과 책임을 동시에 실현하기 위한 새로운 경영 패러다임으로 환경 보호, 사회적 책임, 투명한 지배구조를 중심으로 한다. 따라서 ESG 경영이 소비자와 투자자들의 요구에 부응하고, 장기적인 위험 관리와 이미지 제고에 도움이 되기 때문이다.

최근 들어, ESG 실천 사례를 자주 접할 수 있다. 맥도날드는 최초로 플라스틱 빨대가 필요 없는 음료 뚜껑을 도입했고, 폐식

용유를 친환경 바이오디젤 원료로 재활용하고 있다. 또한 친환경 전기 바이크 사용, 커피찌꺼기 만든 친환경 건축 자재를 사용하는 등 다양한 친환경 활동을 통해 ESG 경영을 실천하고 있다.

스타벅스 역시 국내 최초로 종이 빨대를 사용하고 있으며, 일회용컵 없는 '에코 매장'을 운영하여, 사용 후 컵을 반납하면 포인트나 현금 등으로 보증금을 환급하는 등 지속 가능한 시스템을 도입해 ESG 가치를 강화하고 있다. 이처럼 환경·사회·지배구조 전반에 걸쳐 변화를 추진하는 기업의 노력에는 프로세스 최적화와 효율성 개선을 다루는 산업공학의 역할이 매우 중요하다.[37]

중소기업부터 대기업까지 ESG 경영이 점차 확산되고 있으며, ESG는 법적 의무를 넘어 기업의 장기적 성장을 도모하기 위해 필요한 전략의 일부로 정착되었다. 앞으로도 다양한 학문 분야와 기술을 융합시켜 ESG 경영 목표를 더 효율적으로 달성할 수 있는 방법을 꾸준히 모색한다면 더 나은 방안들이 계속적으로 나올 수 있을 것이다. ESG 경영은 전 세계적으로 기업의 경영 방식에서 중요한 역할을 하고 있으며, 기업의 재무적 성과 향상과 위험 관리와 기회 발굴, 글로벌 경쟁력 강화, 기업 가치를 증대시키는 데 도움이 된다.

그러나 아직 ESG 경영을 위한 벤치마킹을 할 수 있는 시스템이 거의 없고, 각 기업의 경영 환경과 리스크에 맞는 맞춤형 ESG 경영 시스템이 필요하며, 단순한 인증 획득보다는 지속적인 모니터링과 개선이 중요하다. 특히 아직은 ESG 경영을 체계적으로 실행할 전문 인력이나 구체적인 가이드라인이 부족한 부분이 많다.[38] 이에 이런 현실을 개선하기 위해 기업별 특성에 맞게 맞춤형 시스템을 구축하고 개선 활동을 지속해야 할 것이다. 그래야만 ESG 경영이 단발성 캠페인이 아니라 모든 분야의 기업에 자연스럽게 녹아들어 문화와 시스템을 만들어내고 더 전문화될 수 있을 것이라 생각한다.

2025년에도 기업에 대한 규제 환경의 급격한 변화가 예상되고 있다. 이에 대응하기 위한 비재무적공시, 지속 가능 경영보고서 작성, 중대재해예방 등 ESG, 지속 가능 경영을 위한 통합 컴플라이언스 솔루션인 '컴플라이로(Complilaw)'가 있다. 규제 환경이 점점 복잡해지고 엄격해지는 만큼, 이를 효과적으로 대응하기 위한 통합 솔루션의 도입은 매우 시의적절하다. 특히, 2026년 상장 기업과 대기업을 중심으로 ESG, 비재무적 공시 의무화가 진행될 예정인 만큼 지금부터 공시를 위한 준비를 시작해야 한다. 그중에서도 환경 관련 기후 공시는 점점 강화될 것으로 예상되기에 기업들은 ESG 관리 시스템 구축과 함께 이를 효과적으로 모니터링할 수 있는 컴플라이언스 시스템을 도입해야 할 필요성이 커지고 있다.[39] 앞으로 변화하는 ESG 규제와 법적 요구 사항은 기업 경영의 기본 요소로 더욱 중요해질 것이다. 기업들은 이에 소극적으로 대응하기보다는, ESG 규제 변화에 선제적이고 전략적인 접근을 통해 지속 가능한 경쟁력을 확보하는 방향으로 나아가야 한다고 본다. 체계적이고 실효성 있는 ESG 시스템 구축과 전문성 강화를 통해, 기업이 규제 대응을 넘어 ESG 경영을 기업 문화의 핵심으로 내재화하는 노력이 필요하다. ESG는 단순한 마케팅이 아니라 경영의 본질이다.

투자자들의 요구에 부합하는
ESG 경영

"투자자는 이제 숫자보다 가치를 먼저 본다. ESG는 그 새로운 언어가 되었다."

ESG는 기업의 사회적 책임을 넘어서 투자와 경영의 중요한 기준이 되고 있으며, 특히 밀레니얼 세대의 투자 성향과 정부 정책에 힘입어 빠르게 확산되고 있다. 이러한 배경에서 기업들은 ESG 경영을 단순한 사회공헌이 아닌 지속 가능성을 위한 생존전략으로 인식하고 있다. 즉, 기업의 재무적 성과만을 판단했던 전통적 방식과 달리 현재는 장기적 관점에서 비재무적 요소(ESG)를 충분히 반영하여 평가하는 기준으로 자리 잡았다. 따라서 이에 기반한 ESG 투자는 필수 요건과 세계적인 흐름이 되고 있다. 기업은 이윤과 함께 환경과 사회에 미치는 영향까지 생각하는 경영을 요구받고 있다. 이러한 변화는 투자자들의 결정에도 영향을 미친다. 세계 3대 자산 운용사 중 블랙록이 기후 리스크를 외면한 기업에는 투자하지 않겠다고 발표한 것은 곧 ESG 경영이 기업 활동 평가에 중요한 기준이 되었음을 의미한다. 우리 정부도 2030년부터 모든 코스피 상장사에 ESG 정보를 공시하도록 했다. 특히, 국제신용평가사 무디스가 한국의 ESG신용영향 점수를 1등급으로 높게 평가했다.

 ESG 경영을 중시하지 않는 기업은 신용등급 하락, 사회적 신뢰 상실, 규제 대응에 이르는 다양한 리스크에 직면할 수 있다. 결과적으로 ESG 경영은 살아남기 위한 필수 조건이다. 단순히 '좋은 일을 하는 기업'으로서 이미지를 획득하는 것에 그치는 게 아니라 '살아남기 위해 필요한 전략'으로 ESG를 접근하는 이들이 많아졌다는 것은 주목해 볼만한 점이다.[40] 더 이상 기업의 가치 평가 기준을 수익에만 두지 않고 사회적 책임이나 환경 보호 책임까지 광범위하게 바라보는 이들이 많아지고 있으며, 앞으로 미래 세대는 투자 자체를 윤리적 기준과 분리해 생각하지 않을 것임을 모두 인정하고 있다. 이런 변화를 본보기로 삼아 앞으로는 더더욱 교육 현장에서까지 ESG 의식을 함양시켜 장기적으로 사회 전체의 투자 흐름과 연결시켜 생각해보고 학생들에게도 알려주려는 노력이 필요할 것이다.

ESG 경영은 현재 기업의 규모와 상관없이, 대기업은 물론 중소기업에도 필수적인 요소가 됐다. 과거에는 ESG가 주로 대기업의 과제였지만, 공급망 전반에 걸친 ESG 대응 역량 강화를 요구하는 이해자들의 목소리가 확대되면서 중소기업에도 중요한 과제로 부상하고 있다. 하지만 중소기업은 대기업에 비해 자금과 인력이 부족하여 ESG 경영 도입에 부담을 느끼며 실질적인 어려움을 겪고 있다. 최근에는 중소기업도 대기업과의 수출, 거래 유지, 투자, 수출 등 과정에서 ESG 성과 제출을 요구 받고 있기에 평과 결과가 미흡할 경우 주문량 축소나 거래 중단 등 실질적인 불이익을 받을 수 있다. 특히, 대기업 고객사들은 협력사의 인권경영, 탄소 배출량(Scope 3), 반부패·준법 리스크 등 다양한 ESG 항목을 관리 범위에 포함시키고 있다. 결국 ESG는 중소기업의 선택이 아닌 생존과 직결되는 과제다.

한국거래소는 2026년부터 자산 2조 원 이상의 코스피 상장기업을 대상으로 ESG 공시를 의무화할 계획이라고 했다. 따라서 대기업을 중심으로 사전 준비가 진행되고 있기에, 중소기업도 ESG를 준비해야 하는 계기가 된다. 거래처인 대기업이 ESG 공시를 준비하면서 협력사에게도 관련 데이터를 요구하고 있는 상황이기 때문이다.[41] 이에 중소기업은 현재 ESG 경영의 흐름과 수준을 빠르게 파악하고 단계적으로 어떻게 해야만 ESG 경영 체계를 수립할 수 있을지 속도감 있게 문제를 파악, 개선 방안까지 마련, 실행해야 할 것이다. ESG는 이제 중소기업, 대기업을 막론하고 모든 금융시장 진입을 위해 갖춰야 하는 기본 조건이 되고 있다. 따라서 ESG가 교육과정에 통합되어야 하며, 학생들이 졸업 후 어느 분야에서 일하든 ESG 감수성을 갖추는 것은 개인 경쟁력과 사회의 지속 가능성을 위한 필수 기반이라 할 수 있다. 특히 사회와 지배구조 분야에서 그 중요성을 점쳐 보면 이 문제는 HR(인적자원관리)과 밀접한 연관성을 지니는데, 기업들이 직접 ESG 평가지표와 관련된 HR 정책을 수립하고 실행하면서 리스크 관리와 투자 유치까지 도움을 받아야만 하기 때문이다. 잘 된 인적 자원 관리는 사회적 이미지를 제고하는 데 긍정적인 영향을 끼치며 포스트 코로나 시대에는 '착한 기업'으로 평가받는 것이 기업 생존에 중요한 관건이 될 것으로 전망된다.[42]

❌ 조직문화와 인재가 만드는 ESG

ESG는 단순히 마케팅의 일환이 아니라 경영의 본질 그 자체와 함께해야 한다. 따라서 '착한 척'하는 ESG는 오래가지 못한다는 점을 분명히 인식해야 한다. ESG 경영이 기업의 중요한 경영 목표가 되면서 국내 기업과 금융사들이 이를 적극적으로 도입하고 있다. 하지만 ESG 경영을 단순히 홍보나 사회공헌 활동 수준에서 접근하는 기업들이 많아, 기업의 생존과 미래 가치 창출을 위한 근본적인 변화로 이어지지 못하고 있다는 지적이 제기되고 있다. 특히 기후변화 리스크가 금융 감독 대상으로 포함되면서 ESG 경영이 단순한 비재무적 요소가 아닌 기업의 재무적 건전성과 직결되는 핵심 경영 요소로 자리 잡고 있다.[43]

또한 HR 부문 역시 ESG 경영과 밀접한 연관성을 갖고 있는 중요한 부분이다. HR, 즉 인적 관리를 통해 조직을 구성하는 구성원들의 성향과 업무 분위기를 변화시킬 수 있으며 그 사람들이 결국 기업의 ESG 경영 실천을 위한 구체적인 대안을 마련해주는 주체가 된다. 그러니 그 조직 구성원들이 얼마만큼의 다양성과 포용성을 갖고 있는지, 조직 내에서 얼마나 공정한 의사결정 구조를 갖고 긍정적인 조직문화 구축에 이바지하고 있는지를 눈여겨보아야 한다. 그리고 그 관찰 결과를 인재 양성에 반영해 낼 수 있어야 한다. 그 인재들을 제대로 육성하기 위해서는 반드시 '행동으로 보여주는 ESG'를 체험하고 훈련하는 교육과정이 갖춰져야만 한다. 실천적 윤리와 사고력이 함께 다뤄져야만 진정한 ESG 리더가 성장할 수 있기 때문이다. 특히 환경 부문의 탄소중립 정책과 규제, 사회 부문의 근로

자 권리와 소비자 인식 변화, 지배구조 부문의 투명성 강화 등은 앞으로 더 기업 경영에 많은 영향을 끼치게 될 것이다. 기업은 이러한 ESG 트렌드에 발맞추어 전략적으로 대응해야 한다.[44] ESG는 국내만의 현상이 아니라 세계적인 변화라는 점이 중요하다. 탄소중립과 같은 환경 정책은 교육, 생산, 소비 전 영역에 영향을 미치므로, 학교 교육에서도 이에 대한 인식을 심어주는 것이 필요하다. 국제 경쟁력을 갖춘 인재 양성을 위해 ESG 교육은 더 이상 늦출 수 없는 과제가 되었다. 최근에는 많은 기업들이 ESG 경영을 적극적으로 도입하고 있으며, 이는 이해관계자의 기대 충족, 위험 관리, 투자자들의 ESG 요소 반영, 규정 준수 및 평판 관리 등의 이유로 필요성이 증대되고 있다는 방증이다. 그만큼 ESG가 이제 선택적 옵션이 아닌 표준 기준으로 자리 잡았다.[45] 고객, 직원, 투자자, 지역사회 등 이해관계자의 기대에 부응하기 위해 기업은 ESG를 조직문화와 전략으로 삼아야 한다는 뜻이다. 학생들에게도 이러한 사회 변화 흐름을 소개하고, 실제 기업 사례를 교육 콘텐츠로 활용한다면 깊은 학습 효과를 기대할 수 있을 것이다. 향후 기업들은 투자자 요구 변화에 능동적으로 대응하기 위해 ESG를 단순한 마케팅 차원이 아닌 경영의 핵심 전략으로 내재화해야 할 것이다. 교육 현장에서도 이러한 변화를 반영하여 미래 인재들이 ESG 감수성과 실천 역량을 함께 갖추도록 준비해야 한다. 결론적으로, ESG는 기업의 미래, 투자자의 기준, 그리고 다음 세대 인재의 필수 언어가 되었다.

소비자의 신뢰를 확보하는 ESG 경영

"소비자는 이제 '신뢰할 수 있는 기업'을 선택한다.
ESG는 그 신뢰의 기준이 되고 있다."

나는 공항공사의 '바이소셜' 캠페인에 관한 기사를 보도한 적이 있다. 공항공사는 사회적 기업의 제품을 소비자들이 구매하도록 독려하는 '바이소셜' 캠페인에 동참했다. 바이소셜 캠페인은 소비자가 사회적 책임을 다하는 기업을 지원하는 활동으로, 사회적 기업의 제품을 구매하는 것이 단순히 기업의 이익을 추구하는 것 이상의 가치를 지닌다는 점에서 주목할 만하다.[46] 이 활동은 소비자와의 신뢰를 강화하는 중요한 과정이며, ESG 경영의 핵심 가치와 맞닿아 있다.

ESG 경영의 본질은 결국 소비자들과의 신뢰 관계를 어떻게 형성하고 유지할 것인가에 있다고 생각한다. 〈ESG 경영 활동이 소비자 신뢰와 이용 의도에 미치는 영향〉에 따르면, ESG 경영 활동은 소비자 신뢰에 긍정적으로 미치는 것으로 나타났으며, 소비자 신뢰는 이용 의도에도 긍정적인 영향을 미치는 것으로 확인되었다. 기업이 환경적·사회적 책임을 다하고 투명한 지배구조를 실현하는 과정에서 소비자들과의 신뢰를 구축하고, 이는 구매 의도에도 긍정적으로 작용한다. 기업의 사회적 책임은 장기적으로 지속 가능한 성장을 위한 주요 대안 중 하나이다. 이는 사회 속에서 신뢰를 쌓아가는 데 있어 중요한 초석이라 할 수 있다. 해당 연구는 '한국소비자원의 정책연구보고서'의 데이터를 기반으로, 기업의 ESG 활동이 소비자 신뢰에 어떤 영향을 미치고, 이러한 신뢰가 구매 의도에 어떻게 작용하는지를 분석했다. 이는 실제로 ESG 경영 활동이 소비자들의 구매 결정에 어느 정도로 영향을 미치는지 구체적으로 짚어보기 위함이다.[47]

✡ ESG가 소비자 신뢰와 구매 행동에 미치는 영향

첫째, ESG 경영 활동은 소비자 신뢰도를 상승시키는 데 긍정적인 영향을 미친다. 기업이 환경 보호, 사회적 가치 재창출,

투명한 지배구조를 기반으로 책임있는 경영을 실천할 때, 소비자들은 그 기업에 대한 신뢰도를 더 높게 평가했다. 이는 소비자들이 기업을 단순한 이윤 추구의 주체로만 인식하지 않고, 사회적 가치 실현을 위해 적극적으로 노력하는 주체로 인식하고 있다는 것을 의미한다.

둘째, 소비자의 신뢰도는 구매 의도에 긍정적인 영향을 미친다. 기업에 대한 신뢰도는 그 기업의 제품 또는 서비스를 선택하는 순간에 소비자의 의사결정에 중요한 영향력을 끼친다. 신뢰도가 높을수록 더 많이 선택했으며 반대로 불신할수록 선택하지 않을 가능성은 높았다. 이는 소비자들이 더 이상 품질이나 가격뿐만 아니라 그 제품이나 서비스를 제공하는 기업의 사회적 책임, 가치관까지 종합적으로 고려하고 있다는 것을 알 수 있는 부분이다.

셋째, ESG 경영 활동은 소비자들의 이용 의도에 직접적이고 장기적인 영향을 미친다. ESG 경영 여부가 소비자들에게 미치는 영향력은 일시적이거나 즉흥적이지 않다. 기업이 ESG 경영을 책임감 있게 하는 모습을 보일수록 소비자들의 인식에 각인되는 정도는 깊고, 장기적인 의사결정에 큰 영향을 끼친다. 일찍이 이런 장기적인 영향력을 눈여겨 본 많은 기업이 제품 출시에 친환경 요소를 필수적으로 반영하고, 사회적 기업과의 협력을 통해 긍정적인 이미지를 소비자들에게 꾸준히 각인시키기 위해 노력하였다.

넷째, 소비자 신뢰가 ESG 경영 활동과 소비자 이용 의도 사이에 중요한 다리 같은 역할을 한다고 볼 수 있다. 소비자들이 특정 기업을 신뢰하기 시작하면, 그 기업의 제품 또는 서비스를 선택하는 횟수가 늘어난다. 이는 곧 그 기업에 대한 충성도가 높은 고객이 많이 확보된다는 뜻이다. 그런 고객들의 충성도는 처음 만들어지는 건 어렵지만, 일단 한 번 쌓이면 쉽게 무너지지 않는다는 큰 강점을 갖고 있다. 이처럼 ESG 경영은 기업으로서 장기적인 고객 충성도를 확보하는 데 중요한 역할을 한다고 볼 수 있다.[48] 그것이 우리가 꾸준히 ESG 경영을 통해 지속 가능한 발전과 사회적 책임을 다하며 소비자 신뢰를 확보해야 하는 이유라 할 수 있다. 특히 최근에는 친환경이 필수적인 요소로 자리 잡으면서 기업이 환경을 보호하기 위한 책임을 다하는 것을 높이 평가하는 소비자들이 많아지고 있다. 최근 ET 뉴스(2025)에 게시된 '세종 텔레콤' 김형진 회장의 인터뷰에서도 이를 확인할 수 있는데, 이미 많은 기업들이 ESG 경영을 내재화하면서 체계적인 실천을 통해 단기적 이익이 아닌 장기적 가치 창출을 도모하고 있음을 알 수 있다.[49] 해당 인터뷰에서 세종텔레콤 역시 ESG 기준을 설정하고 이를 기업 활동에 투명하게 반영하고 있으며, 공급망까지 ESG 기준을 적용하는 등 많은 책임감 있는 모습을 보여주었다.

〈기업의 ESG 경영에 대한 소비자 인식에 관한 연구 : MZ세대를 중심으로〉에 따르면, 비MZ세대는 MZ세대보다 ESG 경영의 필요성과 중요성에 대해 더 높은 인식을 보이는 반면, MZ세대는 ESG가 기업 성과에 미치는 영향을 보다 긍정적으로 평가하는 것으로 나타났다. 이는 세대별 차별화된 ESG 전략의 필요성을 시사하며, 소비자 인식과 신뢰 형성을 위한 전략적 접근이 더욱 중요해졌다는 점을 강조하고 있다.

결론적으로, 이러한 흐름을 통해 우리는 기업의 ESG 경영이 소비자의 신뢰를 기반으로 장기적인 성장을 이루기 위해 반드시 수립해야 할 전략임을 확인할 수 있었다.[50]

아울러 ESG 가치를 조직 전반에 체계적으로 내재화하고, 소비자와 지속적으로 소통함으로써 기업의 진정성을 드러내는 실천이 요구된다.

ESG 경영은 혁신과 새로운 비즈니스 기회를 창출한다

"이제 ESG는 비용이 아니라 기회다. 혁신과 연결될 때 그 잠재력은 배가된다."

ESG 경영은 단순한 규제 대응이나 리스크 관리 차원을 넘어, 기업 혁신과 새로운 비즈니스 기회를 창출하는 전략적 요소로 부상하고 있다. 이러한 변화는 자원과 인력이 제한된 벤처기업이나 중소기업에게 새로운 성장 기회를 제공할 뿐만 아니라, 산업 전반에 다양한 형태의 상호작용과 비즈니스 모델 개발을 촉진함으로써 전체적인 성장을 견인하고 있다.

그렇다면 실제 현장에서는 이러한 변화에 대해 어떻게 반응하고 있을까? 벤처기업협회에서 현재 운영 중인 103개 벤처기업의 ESG 대응 준비 수준과 애로사항을 조사한 바에 따르면 응답 기업의 74.8% 정도가 ESG 경영의 필요성에 공감하고 있으며, 72.8%는 ESG 경영이 중요하다는 평가다. 또한 그중 35%가 이미 ESG 경영을 실천하고 있으며, 39.8%가 준비 중인 것으로 나타났다. 이는 벤처기업들이 ESG 경영의 필요성을 높게 인식하고 있다는 점에서 긍정적인 신호라고 할 수 있다.

그러나 실제로 ESG 경영을 실행에 옮긴 기업은 35%에 그쳐, 많은 기업들이 이론과 실천 사이에서 어려움을 겪고 있음을 보여준다.[51] 벤처기업은 자원이 제한적인 경우가 많아 ESG 대응에 필요한 전문성과 체계적인 지원이 필요하다. 이에 따라 협회의 ESG 교육과 컨설팅 지원은 매우 중요한 역할을 할 것이며, 이런 지원이 꾸준히 이어져 벤처기업들이 지속 가능한 경영을 실현하는 데 실질적인 도움이 되어야 한다고 생각한다. 무엇보다 가장 중요한 것은 ESG가 단순한 트렌드가 아니라 기업 생존과 성장의 필수 전략이라는 인식 전환이 빠르게 확산되어야 한다는 점이다.

ESG와 혁신, 시너지를 만드는 전략

이러한 변화는 해외 사례에서도 확인할 수 있다. 기업들이 ESG를 위험 회피가 아니라 혁신과 경쟁력 강화의 기회로 적극 활용하고 있기 때문이다. 볼보자동차는 ESG를 브랜드 이미지와 제품 혁신의 핵심 전략으로 삼아 주목받는 성과를 이루고 있다.[52] 볼보의 사례처럼 ESG를 적극적으로 활용해 브랜드 이미지와 제품 혁신을 동시에 이루는 기업들은 장기적인 경쟁력을 갖출 수 있다. 국내 기업들도 ESG 경영에 대해 '해야 하는 부담'이 아닌 '새로운 성장 기회'라는 인식을 확산시키고, 경영진과 구성원 모두가 이에 공감하도록 체계적이고 일관된 교육과 시스템 구축에 힘써야 한다. 그런 노력이 쌓여 언젠가 우리나라 기업 문화 전반에 깊이 뿌리내릴 수 있을 때 비로소 ESG가 지속 가능한 경쟁력을 갖추기 위한 필수 경영 문화로 자리 잡을 수 있을 것이다.

ESG와 혁신이 실제로 기업 성과에 어떤 영향을 미치는지는 다양한 연구에서도 입증되고 있다. 〈ESG 활동과 혁신의 상호작용이 기업 가치에 미치는 영향〉에 따르면, ESG 성과와 혁신은 각각 기업 가치에 긍정적인 영향을 미치며, ESG와 혁신 간에도 시너지가 발생한다. 자금 여력이 부족한 기업일수록 이러한 시너지가 더욱 강하게 나타난다는 결과는 중소기업이나 벤처기업에 ESG가 성장의 기회가 될 수 있음을 시사한다. 따라서 자원이 제한적인 기업들도 ESG와 혁신을 동시에 추구하는 전략을 적극 고려해야 한다.

반면, 잉여현금이 많은 기업에서는 ESG와 혁신의 효과가 상대적으로 적게 나타나는 만큼, 기업의 상황에 맞춘 맞춤형 ESG 전략 수립이 필요하다.[53]

이러한 ESG-혁신 전략은 이미 다양한 산업에서 적용되고 있으며, 국내 건설업 역시 글로벌 ESG 흐름에 맞춰 변화하고 있다. 하지만 비용 부담과 업계 특성상 도입에 어려움을 겪고 있다.[54] 그리고 중소규모 기업들이 많은 건설업 특성상 ESG를 체계적으로 도입하는 데 현실적인 제약이 많다. 그러나 글로벌 공급망과 금융시장의 요구에 부응하기 위해서라도 탄소 감축과 친환경 기술 도입은 선택이 아닌 필수가 되고 있다. 그만큼 정부와 업계가 협력해 비용 절감 방안과 맞춤형 지원책을 마련하고, 건설업에 특화된 ESG 평가 기준과 성공 사례 발굴이 필요하다.

반면, 일각에서는 ESG 경영에 대한 회의론 역시 꾸준히 제기되고 있다. 장기적 관점에서 보면 ESG 경영이 기업 혁신과 지속 가능한 성장에 필수적 요소임은 분명하지만, 분명 위험 요소를 여전히 고려해야 한다는 신중론도 이어지고 있는 것이다. 하지만 여러 우려에도 불구하고 한국토지주택공사(LH) 사례처럼 ESG 경영이 단기적 이익을 넘어 시장과 투자자 신뢰, 장기 경쟁력을 확보하는 핵심 전략임은 변함이 없다.[55] 중요한 것은 기업은 ESG 경영을 일시적 유행으로 간주하지 않고, 지속적인 실천을 통해 경험을 축적해 나가고, 축적된 데이터를 바탕으로 전략을 재정립해 나가야 한다는 점이다.

또한 ESG 경영이 기업 혁신성과에 어떻게 기여하는지에 대한 연구도 지속적으로 이루어지고 있다. 〈ESG 경영활동이 혁신성과에 미치는 영향 연구〉에 따르면, ESG 경영 활동은 기업에 대한 평판과 이미지 개선을 통해 혁신 성과로 이어지며, 소비자와 투자자의 신뢰가 이 효과를 강화한다. 이는 ESG가 더이상 단순히 사회적 책임을 다하기 위한 부가적인 활동이 아니라 기업 경쟁력과 성과를 높이는 데 직접적인 영향을 끼치는 필수적 존재임을 드러내는 것이라 할 수 있다.[56]

따라서 기업들은 ESG 경영을 전략적 자산으로 인식하고 지금보다 더 체계적으로 관리될 수 있도록 해야 한다. 그리고 그런 체계적인 관리를 기반으로 보다 혁신적인 제품 및 서비스 개발이 이어진다면 장차 그 기업이 생산하는 모든 제품 및 서비스가 ESG 경영 이념에 맞춰진 이상적인 형태로 자리 잡을 수 있을 것이다.

특히, 산업별 특화 전략의 중요성도 더욱 높아지고 있음을 생각해야 한다. 일례로 국내 섬유패션업계에서도 ESG 경영이 중요한 화두로 떠오르고 있으며, 친환경 소재 사용과 사회적 책임 강화, 지배구조 개선 등의 노력이 이루어지고 있다. 그러나 글로벌 수준에 비해 목표 설정과 성과 공개는 아직 미흡한 편이다.[57] 향후 기업 간 협력과 정부 차원의 지원을 통해 체계적인 ESG 전략 수립과 실행이 필요하며, 국제 기준에 부합하는 평가 시스템을 구축해야 한다. 이를 통해 국내 섬유패션 기업들이 글로벌 시장에서 지속 가능하고 차별화된 경쟁력을 확보할 수 있을 것이다.

결론적으로, ESG 경영은 기업의 지속 가능성을 실현함과 동시에 혁신성과 새로운 비즈니스 기회를 창출하는 전략적 자산이다. 앞으로 모든 산업에서 ESG 가치를 중심으로 한 혁신 노력이 더욱 강화되어야 하며, 이를 통해 장기적인 성장 기반을 구축하는 기업이 시장의 리더로 자리매김할 것이다.

ESG 경영은 우수한 인재 확보에 필수적이다

인재가 조직에서 성장할 수 있는 환경을 조성하라

기업이 지속적으로 성장하고 경쟁력을 유지하기 위해서는 단순히 우수한 인재를 채용하는 것만으로는 부족하다. 채용한 인재가 조직에 잘 적응하고 오랫동안 함께 성장할 수 있는 환경을 조성하는 것이 더욱 중요하다. 이것이 바로 ESG 경영, 특히 '사회적 책임(S)'의 핵심이다.

'사회적 책임(S)'의 대표적인 사례로 떠오르는 분이 있다. 존경하는 선배이자 서초여성일자리주식회사 초대 대표이사(기초 지자체 산하 공공기관)를 지내고, 현재는 중부대학교 조교수로 재직 중인 이재은 박사님이다. 박사님께서는 2021년 9월부터 2025년 4

월까지 해당 회사에서 직접 ESG 경영을 실천하며, 경력단절 여성과 60세 이상 고령 여성, 장기 미취업 청년 등 다양한 사회적 취약계층이 함께 일하고 성장할 수 있는 '포용적 일자리'를 만드는 데 힘써 오셨다. 박사님은 조직 운영 전반에 사회적 책임을 녹여내어, 우수 인재를 단순히 채용하는 데 그치지 않고, 신규 구성원이 조직에 잘 적응하도록 대표가 직접 참여하는 1 on 1 면담 제도를 도입했다. 또한 경력단절 여성과 고령 여성 등에게는 심리적 안정감을 제공하기 위해 단계별 업무 적응 방식을 적용하고, 일정 수준 이상의 역량을 갖추면 점진적으로 자율성과 책임을 부여해 업무 담당자로서 역할을 다하며 과업을 주도하도록 독려했다. 이러한 노력을 통해 신규 구성원들의 조직 적응력이 크게 향상되었고, 퇴사율 및 이직률이 한 자릿수 미만으로 감소하는 등 구성원들의 업무 몰입도와 만족도가 높아졌다. 그 결과, 구성원 각자가 자신의 역량을 발견하고 성장할 수 있는 환경이 마련되었으며, 조직의 전반적인 생산성과 지속 가능성도 크게 강화되어 설립 2년 만에 흑자로 전환하는 성과를 냈다.

특히 박사님이 구축한 '맥락 중심의 조직문화'는 획일적인 규칙이나 대기업식 관리 방식을 따르지 않고, 구성원의 배경과 삶의 맥락을 세심하게 이해하고 반영하는 방식으로, 기초 지방자치단체 산하 공공기관임에도 유연하고 개방적인 조직문화를 지향한다. 경력단절여성을 비롯한 장기 미취업 청년, 고령자, 일반 사무직 근로자 등 다양한 경력 맥락을 가진 구성원이 공존하는 조직 특성을 고려해, 마이크로(micro)이면서도 매크로(macro)한 문화를 만들어 가기 시작한 것이다.

예를 들어, 고령자가 많은 사업부서의 경우 근로자 연령, 출신 배경, 지원 동기 등을 반영해 존대와 예우 중심의 소통 방식을 강조하고, 명확한 매뉴얼과 반복적인 커뮤니케이션, 규정에 대한 학습을 통해 심리적 안전감과 효율성을 확보했다. 동시에 조직 미션에 부응하는 행동 강령을 전파해 나갔다.

또한 '커리어 상상력'을 활용한 인재 선발이라는 이전에 국내에서는 자주 사용하지 않던 방식을 활용했다. 이는 구성원들의 태도, 성장 가능성 등을 종합적으로 판단해 채용하고 업무에 배치하기 위한 시도라고 할 수 있다. 일례로 플로리스트로 활약했던 경력이 있는 여성 근로자가 갖고 있는 트렌디한 감각, 이벤트 기획력, 심미적 감각 등을 높이 평가해 로컬 브랜드 매니저 직무에 채용한 경우가 있었다. 이는 과거 경력이 곧 그 사람이 가진 잠재력이라는 걸 인정하고 구성원들에게 다양한 경력 경로를 모색할 기회를 제공하려는 의도이다. 그 결과 많은 인재들이 직무적 만족도를 느낄 수 있는 적합한 일에 종사할 기회를 얻게 되었으니 결과적으로 아주 좋은 성과를 끌어냈다고 할 수 있을 것이다.

이런 경영이 가능하기 위해서는 기본적으로 다양성과 가능성에 중심을 두는 경영 철학이 필요하다. 해당 기업은 국내 일자리 중 유일하게 성공적인 여성 일자리 모델을 제시한 곳으로써 이후 다양한 기업의 벤치마킹 대상이 되기도 하였다. 또한 설립 4년 만에 80만 명 이상의 인재 고용, 50억 원 이상의 연 매출을 눈앞에 둔 기업으로 우뚝 설 수 있었다.

결국, ESG 경영에서 가장 중요한 자산은 사람이다. 그들을 존중하고, 각자의 배경과 삶을 기반으로 지속 가능한 성장을 지원하는 것이 사회적 책임(S)의 핵심이다. 이는 기업이 반드시 실천해야 할 미래를 위한 가장 중요한 투자라고 할 수 있다. ESG 경영은 단순한 경영전략을 넘어, 사회와 사람을 중심에 둔 지속 가능한 기업 생태계를 만드는 길이다. 그러므로 향후 기업은 사람을 존중하고, 그 가치를 실현하는 데 최선을 다해야 한다.

비즈니스 리스크를 줄이고
기업의 안정성을 높이는 ESG 경영

"기업은 더 이상 ESG를 '선택'이라 말할 수 없다.
이제 ESG는 리스크를 줄이는 생존 전략이다."

2025년부터 ESG 공시가 의무화되면서, ESG는 기업 생존의 필수 요소로 자리매김하고 있다. 기업들은 이에 대응해 ESG 데이터 관리, 탄소중립 목표 설정, 공급망 리스크 관리 전략을 구축하고 있으며, AI와 빅데이터 등 첨단 기술을 활용해 ESG 역량을 강화하고 있다. 또한 ESG 연계 금융상품의 확대에 따라 ESG 성과가 자금 조달과 직접 연결되는 흐름도 뚜렷해지고 있다.[58] 과거에는 ESG 공시가 규제 대응으로만 받아들여졌지만, 이제는 기업 경영의 새로운 기준으로 인정받는 시대가 왔다. 이에 따라 우리는 그런 흐름에 부합해 ESG 성과를 외부 보고용 지표를 넘어 리스크 예측과 관리 및 재무의 안정성을 확보하는 데 필요한 전략적 도구로 활용해야 한다. 특히 자금 조달 측면에서는 더욱 긴밀한 소통과 부서 간 연결을 통해 기업의 재무 건전성을 지켜나갈 수 있도록 각별히 관리해야 할 것이다. 더불어 ESG 역량 강화를 통한 장기적인 기업 경쟁력 확보 역시 해결해야 할 필수 과제로 부상하고 있다는 점을 유심히 지켜볼 필요가 있다.

그러나 모든 기업에서 ESG 투자가 항상 긍정적인 결과만을 가져오는 것은 아니다. 〈ESG 성과는 기업가치를 향상시키는가? 재무성과의 조절효과를 중심으로〉에 따르면, 재무 상태가 부진한 기업이 과도한 ESG 투자를 추진할 경우, 오히려 기업 가치가 하락할 수 있음을 시사한다. 따라서 ESG 추진 시 재무 상태와 기업 특성을 충분히 고려한 유연한 접근이 필요하다.[59] 장기적으로는 ESG가 기업 가치 향상에 기여하지만, 단기적 관점에서는 리스크로 작용할 가능성도 존재한다. 균형 잡힌 전략과 단계적 실행이 필수적이다.

▨ 환경 리스크 관리가 경쟁력을 좌우한다

특히 ESG 리스크는 환경 분야에서 두드러지게 나타난다. 국내 기업들의 65%는 물 리스크가 재무 계획과 사업 전략에 중대한 영향을 미친다고 응답했다. 이와 함께 통신산업재·유틸리티·IT 산업 등에서 40%를 초과한 높은 수준의 물 스트레스가 드러났다. 그러나 KoSIF(한국사회책임투자포럼, Korea Sustainability Investing Forum)의 데이터를 통해 지난해 물 리스크 대응 비용은 감소 추세를 보여 대응 우선순위가 낮아지고 있는 현실도 확인할 수 있다.[60] 물 리스크는 단기적인 손익을 넘어, 비즈니스 연속성에 직접적인 영향을 미치는 구조적 리스크다. 이에 따라 적극적인 투자와 선제적인 대응이 뒷받침되지 않으면, ESG 평가와 시장 경쟁력 측면에서 불이익을 피하기 어렵다. 향후 환경(E) 부문의 ESG 전략은 친환경 이미지 제고를 넘어, 기업 리스크 관리를 위한 핵심 전략으로 자리매김해야 한다.

기업들은 또한 ESG 경영을 통해 자금 조달 비용 절감, 투자 유치, 기업 이미지 개선 등 실질적 효과를 기대하고 있다. 이를 위해 ESG 비전 수립, 이해관계자와의 커뮤니케이션, ESG 체계 구축 등이 활발히 이루어지고 있으며, 재무·비재무 성과 통합 관리 역량이 중요해지고 있다.[61] ESG 비전은 외부 선언에만 그칠 것이 아니라, 내부 경영 방향성을 제시하는 실질적인 기준이 되어야 한다. 이해관계자와 구성원의 참여 속에서 ESG 내재화와 조직문화 혁신이 이뤄질 때, 기업의 근본적인 경쟁력으로 자리 잡을 것이다.

현재 다양한 업종에서 ESG 경영이 빠르게 확산되고 있다. 대기업뿐 아니라 중소기업들도 ESG의 중요성을 인식하고 있으며, 제조·식품·건설·유통·IT·물류·금융·화학·철강·항공운수·제약·패션·자동차·게임·바이오·에너지·통신 등 전 산업군에서 ESG 사례가 등장하고 있다.[62] 이러한 확산은 ESG가 특정 산업군에 국한된 개념이 아니라, 모든 산업에 적용 가능한 보편적 가치임을 보여준다. 특히 중소기업들의 ESG 인식 확대는 산업 전반의 지속가능성을 높이는 중요한 촉매제로 작용하고 있다. 이에 따라 각 업종의 리스크와 특성에 부합하는 맞춤형 ESG 전략 수립과 유연한 실행이 요구된다. 업종별 ESG 사례는 타 업종에도 적용할 수 있는 실용적 자산으로 기능할 수 있다. 앞으로는 ESG를 경영의 중심축으로 삼는 기업만이 변화하는 시대의 거센 파고 속에서 성장과 진정한 생존을 동시에 실현할 수 있을 것이다.

ESG는 앞으로 기업이 지속 가능하고 오랫동안

성공하기 위해 반드시 내재화해야 할 가치다.

3장

ESG 경영 리더십은 이런 것!

ESG 경영은 특정 산업 분야에 국한된 것이 아니라
전 분야에서 주목받는 새로운 미래형 기업 철학이다.

ESG 리더십의 핵심 요소 : 성공적인 ESG 리더가 갖춰야 할 필수 역량

"ESG 경영요? 요즘 많이 듣는 이야기죠?"

많은 사람들이 ESG에 대해 이야기하지만, 단순한 유행이 아니라 기업의 생존과 미래를 좌우하는 핵심 전략이라는 점은 간과되기 쉽다. ESG는 앞으로 기업이 지속 가능하고 오랫동안 성공하기 위해 반드시 내재화해야 할 가치다. 이는 단지 환경 문제나 사회적 책임 차원을 넘어, 기업이 미래에 어떤 길로 나아갈지를 결정짓는 핵심 기준으로 자리 잡았다. 이 시점에서 짚고 넘어가야 할 요지는 ESG가 기업 전략으로 통합되는 순간, 기업 철학과 진정성을 함께 생각한 실천이 이어져야 한다는 점이다. 그때 리더가 어떤 방향에서 ESG에 접근하고 있는지는 기업 성공을 판가름할 중요한 분기점이 될 것이기 때문이다. 이러한 맥락에서 인상 깊었던 ESG 기사 사례를 소개하고자 한다.

　HDC아이콘트롤스는 서울대학교 산업협력단과 BEMS(건물 에너지 관리 시스템, Building Energy Management System) AI 에너지 기술 연구용역 계약을 체결했다. HDC아이콘트롤스 관계자는 "앞으로도 인공지능과 데이터 기반, 머신러닝 기술 투자를 바탕으로 새로운 비즈니스 모델을 확대하겠다"라고 밝혔다.[63] 이 기사를 작성하며 ESG 시대의 리더는 단순한 기술 투자나 전략적 접근을 넘어, 사회적 가치를 실현하는 혁신적 사고와 행동의 중요성을 체감했다. 그 기업 관계자의 인터뷰는 형식적인 발표가 아니라 진심에서 비롯된 비전이었으며, 진정성 있는 리더십이 ESG 성공의 핵심임을 다시금 확인하는 계기였다.

　진정성이 특히 계속 강조되는 이유는 ESG 경영이 단기적인 성과가 아닌 장기적인 지속 가능한 가치를 창출하는 과정이기 때문이다. 특히 변화와 불확실성이 큰 시대일수록 리더는 조직이 나아가야 할 방향성을 분명하게 제시하고, 구성원들의 자발적인 동참을 끌어낼 수 있도록 꾸준히 동기를 부여해야 한다. 그런 설득과 공감의 과정을 거쳐야만 앞으로 일을 해 나가며 리더와 구성원 모두가 한마음으로 목표를 달성해 갈 수 있기 때문이다.

▩ 기술과 사람 중심 사고의 균형 잡힌 리더십

ESG 리더에게는 디지털 기술과 친환경적 사고를 균형 있게 결합하는 능력이 중요하다. 상명대학교 한영도 교수는 ESG칼럼을 통해 AX(AI Transformation)와 GX(Green Transformation) 시대의 중요성을 강조하며, "AI와 블록체인 기술이 기존의 업무 방식과 의사결정 구조를 근본적으로 바꿔놓고 있으며, 기업과 국가 전반에 걸쳐 혁신적인 변화를 요구하고 있다"라고 설명했다. ESG 리더는 단순히 기술을 이해하는 수준을 넘어, 이를 기업 가치와 사회적 가치 창출에 어떻게 연결할지 통찰할 수 있어야 한다.[64]

예를 들어, HDC아이콘트롤스는 중소형 건물에 데이터 기반 AI 기술을 활용한 에너지 절감 서비스를 제공할 계획이다. 이는 에너지 절감을 통한 사회적 가치 실현과 시장 확장을 동시에 추구한 사례라고 볼 수 있다.[65]

그러나 ESG 성과는 리더 개인의 역량만으로는 이루어지지 않는다. 조직 구성원들이 자발적으로 ESG 전략에 참여하고 이를 업무에 반영해야만 진정한 성과가 가능하다.

이와 관련해 EY한영과 숙명여자대학교가 공동 발간한 《ESG 경영과 HR DNA》 보고서에는 다음과 같은 흥미로운 결과가 나타났다. 2020~2022년 ESG 사회(S) 영역에서 B+ 등급 이상을 받은 국내 상장기업 900곳을 조사한 결과, 구성원 만족도가 높은 '조직 문화'를 가진 기업일수록 ESG 평가에서 우수 등급을 받을 가능성이 높았다. 특히 사회(S) 영역에서는 건전한 조직 문화를 갖춘 기업의 75%가 우수 등급을 받았다. 이를 통해 교육훈련비, 연간 평균 급여 등과 같은 정량적 지표뿐만 아니라, 정성적 지표인 경영진 리더십과 승진 기회 및 가능성, 사내문화도 기업의 ESG 성과에 직접적으로 영향을 줌을 알 수 있다. 그리고 자원이 한정된 기업일수록 조직 문화에는 전략적으로 집중하는 것이 효과적인 ESG 향상 방법으로 제시됐다.[66] 이는 ESG가 환경(E)을 넘어 사회(S), 사람 중심 기업문화와 깊은 연관이 있음을 보여준다. 따라서 ESG 리더는 사람 중심 사고로 조직문화 혁신을 이끌어야 한다.

공기업 사례는 ESG 리더십의 공공성과 책임 측면을 잘 보여준다. 〈공기업 ESG 리더십 연구 : 에너지 공기업 사례 비교〉에 따르면, ESG 경영은 기업 재무 성과 향상뿐 아니라 사회 전체의 공공 이익 증대에도 기여한다. 공기업은 ESG 적용에서 민간기업에 비해 구조적 제약도 크지만, 그 사회적 영향력은 매우 막강하다. 프랑스 EDF와 한국전력공사 사례 분석 결과, 두 공기업은 환경 목표는 명확히 수립했지만 사회적 책임과 지배구조 영역은 여전히 개선의 여지가 있었다. 따라서 시민사회와의 협력, 사회적 책임지배구조의 체계적 관리가 더욱 요구된다. 이는 민간기업에도 ESG 리더십의 중요한 시사점을 제공한다.[67]

결국, ESG 리더십이 추구해야 할 방향은 기술 혁신, 사회적 가치의 실현, 조직 문화 형성과 공공의 책임 유지 모두를 만족시킬 만한 통합의 실현에 있다. 그러므로 앞으로 ESG 리더 역시 높은 기술력과 사회적 가치를 존중하는 자세, 그리고 지속가능한 미래를 지향하는 공공의식까지 모두 갖추려 노력해야 할 것이다.

ESG 리더십은 세상을 바라보는 깊은 철학과 흔들리지 않는 신념의 영역이다. 이를 위해서는 유기적으로 움직이는 조직, 사람 중심의 가치, 사회 전체를 아우르는 책임감이 하나의 아름다운 하모니를 이뤄야 한다.

성공적인
ESG 리더십 사례

"이제 ESG는 '착한 경영'이 아니라 '강한 기업'의 조건이다."

최근 기업 윤리와 ESG 경영의 중요성이 부각되는 가운데, 350년 역사를 지닌 독일 제약 기업 머크의 사례는 ESG 경영의 핵심 가치와 방향성을 잘 보여준다. 숙명여대 서용구 교수는 "머크 가문의 독특한 리더십은 일종의 기업 철학으로 ESG 경영에서 지배 구조를 의미한다"라며 "소유와 경영의 분리, 실력 우선주의와 같은 거버넌스를 확립해 이를 철저히 준수함으로써 현재의 머크가 존재할 수 있는 것이다"라고 설명했다. 이는 ESG 경영의 핵심 요소인 거버넌스(Governance) 부문에서 모범적인 사례로 꼽힌다. 머크는 단기적 이익보다 장기적 지속 가능성을 우선시해야 한다는 ESG식 경영을 준수하며 오로지 실력과 투명한 거래를 기반으로 한 신뢰 받는 조직 문화를 구축해 왔다. 특히 소유와 경영을 분리하여 경영진의 독립성과 책임성을 동시에 확보하였는데, 그 점이 ESG 경영의 신뢰도를 높이 평가하는 결정적 요소가 되었다.[68]

국내에서도 ESG 리더십의 성공 사례가 속속 등장하고 있다. 현대차그룹의 지배구조 부문은 정의선 회장이 경영 전면에 나선 이후 긍정적 평가를 받고 있다. 정의선 회장은 경영권 안정과 주주권익 보호를 위해 투명경영위원회 설치, 전자투표제 도입, 지배구조 헌장 개정, CEO 인베스터 데이 등 거버넌스 개혁에 노력하고 있다. 또한 현대차는 '2025 ESG 전략'을 수립하고, ▲지역사회 기여와 개발 ▲건강한 조직문화 구축 ▲지속 가능한 공급망 조성 ▲전 과정 친환경 가치 추구 ▲스마트 모빌리티 기반 고객 경험 혁신 등 5대 영역을 중심으로 지속 가능 경영을 위해 힘쓰고 있다. '아이오닉5'에는 친환경 공법과 바이오 소재를 적용하여 친환경차 브랜드 이미지를 강화하고 있다. 손종원 한국 ESG 평가원 대표는 "현대차는 ESG 경영에 있어 환경 영역과 사회책임에서 탁월한 것으로 평가받고 있다"라며 "정의선 회장 취임 이후 스마트 모빌리티 솔루션 기업으로의 글로벌 친환경차 시장 선도 가능성이 크다"라고 분석했다.[69] 현대차 그룹의 경우 일찍이 사업 구조를 개편하면서 ESG 중심의 경영 패러다임으로 전환을 과감하게 보여준 대표적 사례로 손꼽힌다. 또한 환경보호적인 측면에서도 꾸준히 친환경차를 개발하고 있어서 ESG의 세 가지 요소 중 이미 E(Environment)와 S(Social) 두 가지 영역에서 두드러진 성과를 증명하였으니 이러한 성과는 현대차 그룹의 지속 가능한 성장 가능성을 증명할 핵심 요소가 될 것이다.

ESG 리더십, 무엇이 성과를 만들까?

성공적인 ESG 리더가 갖춰야 할 자질 또한 중요하다. 지속 가능성 시대는 새로운 스타일의 리더십이 요구되는데, KPMG의 파트너인 에라스무스 대학교 교수인 무엘 카프테인(Muel Kaptein) 박사는 오랜 경험을 바탕으로 성공한 ESG 리더에게는 7가지 공통된 특징이 있다고 제시했다. **첫째**, 도덕적 나침반을 가진 리더이다. 환경과 사회를 위한 행동이 진정성 있는 신념에서 나와야 한다. **둘째**, 호기심 많은 리더이다. 흥미를 갖고 데이터를 통해 문제의 본질을 파악하며 전략을 세울 수 있어야 한다. **셋째**, 지속적인 헌신을 가진 리더이다. ESG는 단기간에 끝나는 일이 아니기에 꾸준한 헌신이 필요하다. **넷째**, 창의적인 리더다. 창의성을 발휘해 단순한 규제 대응이 아닌 지속 가능한 혁신 및 수익모델을 만들어야 한다. **다섯째**, 용기를 가진 리더이다. 실패를 두려워하지 말고, 과감하게 변화에 앞장서야 한다. **여섯째**, 협력할 줄 아는 리더이다. 혼자가 아닌 조직 전체를 함께 이끌 수 있어야 한다. **마지막**으로, 일관된 리더다. 변함없는 언행으로 구성원들에게 신뢰를 줘야 한다. 결과적으로, **7가지 자질**은 서로 유기적으로 작용해 리더의 리더십을 단단하게 만들 수 있다. 즉, 성찰과 실천을 통해 누구나 ESG 리더로 성장할 수 있다. 무엘 카프테인 박사는 "완벽한 리더는 없기에, 누구든지 이러한 자질들을 스스로 개발하고 성찰해 나간다면 ESG 시대를 이끌 수 있는 의미 있는 변화의 주체가 될 수 있다."라고 말했다. 이 말에 깊이 공감하는 만큼, 진정한 리더십은 부족함을 마주하고 스스로 실천하며 변화에 앞장서는 사람이라고 생각한다.[70]

SK에코플랜트는 ESG 중심의 비즈니스 모델 전환을 성공적으로 실천한 국내 대표 사례다. 김형근 사장의 ESG리더십 아래, 기존 건설 중심 사업에서 폐기물·에너지 중심의 친환경 회사로 비즈니스 모델(BM)을 진화시켰다. 이와 함께 SK에코플랜트는 온실가스 감축, 안전보건 강화, 협력사와의 상생, 윤리경영 체계 확립 등 ESG 활동을 기업의 일상적 경영 활동 중심에 두고 추진하고 있으며, 이는 ESG를 대응 차원이 아닌 비즈니스 모델 그 자체로 내재화한 모범적 사례로 평가받는다.[71]

최근에는 제조업, 에너지 산업 같은 전형적인 산업 분야 외에도 스포츠, 패션 산업 같은 의외의 곳에서도 ESG 경영과 리더십이 확산되는 모습을 볼 수 있다. 일례로 영국의 토트넘 홋스퍼 구단의 경우 친환경 경기 운영 방식은 물론 'Race to Zero' 캠페인 동참을 통해 탄소배출 제로 목표 달성을 위한 노력을 꾸준히 이어오고 있다. 패션 기업 파타고니아는 재활용 원단 사용, 전기도 100% 재생에너지로 사용, 매출 일부를 환경 단체에 기부하는 등 환경 보호와 사회적 책임을 기업 철학의 핵심으로 삼고 있다.[72] 이는 이익보다 가치를 우선시하는 ESG 중심 경영의 대표적 사례로 자리 잡았다.

위와 같은 사례는 이미 ESG 경영이 특정 산업 분야에 국한된 것이 아니라 전 분야에서 주목받는 새로운 미래형 기업 철학임을 보여준다. 환경적 책임과 사회적 가치 중심의 접근법이 앞으로 장기적으로 브랜드 충성도와 기업의 발전을 더 높이 끌어올려 줄 것이라는 믿음이 업계 전반에 확산되고 있는 것이다. 결국, 그 모든 ESG 경영의 리더십은 공존의 가치를 실현하는 새로운 시대에 걸맞는 리더의 모습을 그려내고, 기술이나 사업 전략 같은 관련성이 낮아 보였던 영역까지도 ESG 가치가 확산

될 가능성이 있다는 점에서 의미가 크다. 이는 매우 긍정적인 변화라 할 수 있다. ESG 리더십이 산업 업종이나 기업 환경, 조직의 분위기 같은 개별적 조건의 영향을 크게 받지 않고 광범위하게 발전해 나갈 수 있다는 뜻이기 때문이다. ESG는 착한 기업이 되기 위한 전략이 아니라, 오래 살아남기 위한 기업의 기본기다. 그리고 그 기본기를 갖춘 수많은 리더들이 ESG라는 흐름을 따라 더 큰 변화를 우리 사회에 만들어내고 더 나은 방향으로 모두를 이끌어 갈 것이라 믿는다.

ESG 리더십의 도전과 기회 : ESG 리더가 직면한 현실과 해결 전략

"ESG는 이제 선언으로는 아무 의미가 없는 시대다"

ESG는 더 이상 잠시 지나가는 경영 트렌드 중 하나가 아니다. 이미 기업의 지속 가능성과 정체성을 가늠하는 핵심 기준으로 자리를 잡았고 앞으로도 모든 업종의 리더들이 규제 대응이나 형식적인 대응이 아닌, ESG를 어떻게 실천하고 있는지 증명하기 위해 노력하는 시대가 될 것이다. 우리는 지금껏 다양한 기업 사례를 통해 ESG 경영이 어떤 식으로 이뤄졌을 때 진정성을 인정받을 수 있는지, 진짜 실효성 있는 방침으로 이어질 수 있을지에 관해 많이 알아보았다. 하지만 이렇듯 오랫동안 여러 사람의 노력이 있었음에도 여전히 해결하지 못한 도전 과제가 있으니 이를 극복하는 것이 앞으로의 시대를 이끌어 갈 ESG 리더들의 과제라 할 수 있을 것이다.

현대 비즈니스 환경에서 ESG와 지속 가능성 실천은 이제 기업 생존의 핵심 과제가 되었다. 기업은 인류와 환경에 미치는 영향으로 평가받으며, 도전과 함께 새로운 가능성을 열어주는 기회가 된다. 책임 있는 리더십을 실천하고, 혁신을 주도하는 기업은 급변하는 환경 속에서도 장기적인 회복력과 안정성을 구축할 수 있다. 기업은 이제 지속 가능성 실천과 ESG 경영에 있어 투명성과 신뢰성 확보가 필요한 시대에 들어섰다. **▲그린워싱 방지 ▲정확한 데이터 검증 ▲복잡한 규제 대응**이 중요해졌다. 또한 디지털 솔루션과 외부검증을 통해 ESG 성과를 효과적으로 관리할 수 있다. 특히 DNV(Det Norske Veritas, 노르웨이계 글로벌 인증기관)는 기업이 지속 가능성을 경쟁력으로 바꾸는 데 실질적인 지원을 제공하고 있다. DNV는 산업별 맞춤 감사, 탄소 배출 검증 등 강점을 보여 주었으며, 2024년 Verdantix Green Quadrant ESG 및 지속 가능성 검증 서비스 부문에서 리더로 인정받았다.[73]

과거에는 ESG가 기업 이미지 개선을 위한 일회용 이벤트에 그쳤지만 지금은 기업이 추구하는 본질적인 가치와 비전, 경쟁력을 좌우하는 가장 핵심적인 축으로서 자리를 잡아가고 있다.

이는 선택의 문제가 아닌 미래 생존을 위해 필수적으로 갖춰야 할 요소가 되었으며, 따라서 수많은 기업이 자사의 데이터가 가진 신뢰성과 정확성을 확보하고 그것을 기반으로 새로운 판로를 개척해 나가는 데 집중하고 있다. 특히 그 과정에서 ESG 데이터 관리 시스템의 구축 및 관리가 가장 중요한 부분으로 주목받고 있는데 지금처럼만 꾸준히 연구가 이어진다면 앞으로 ESG 평가지표가 기업 평가에 아주 결정적인 역할을 할 것은 분명해 보인다.

리더십 없는 ESG는 공허하다 : 감시와 신뢰의 토대 만들기

ESG는 반드시 윤리적 리더십과 견제 시스템을 갖춘 상태에서 실행되어야 한다. 그렇지 않을 경우 ESG는 결국 형식에 그칠 뿐 윤리적 리더십과 견제 시스템 없이 기존의 방식만을 고집하다가 평판까지 그르치게 되는 지경에 이르게 할 수 있다.

기업은 ESG를 단순한 CSR이 아닌 전략적 요소로 인식해야 하고, 지속적인 모니터링과 전사적 차원의 실천을 통해 진정성 있는 ESG 경영을 이뤄야 한다.[74]

이러한 흐름은 이해관계자 신뢰 구축과 장기적인 기업 가치 제고로 이어질 수 있다. 윤리성과 투명성을 갖춘 리더는 어떨까? 윤리성과 투명성을 기반으로 한 리더는 내·외부 감시 시스템을 이용해 기업 신뢰를 높이고, 지속 가능한 성장의 토대를 마련한다. 그리고 리더는 ESG의 가치와 철학을 조직에 내재화하면서 모든 구성원들이 그것을 익힐 수 있도록 문화적 리더의 역할을 담당하면 된다.

윤리성이 부족한 ESG는 결국 소비자와 투자자의 신뢰를 잃을 수밖에 없다. 이에 ESG가 조직에 뿌리내리려면 경영진의 의식 변화와 책임 있는 리더십이 선행돼야 하고, 동시에 자율적 감시 체계와 외부 독립 평가 시스템이 실질적으로 작동하도록 함으로써 ESG가 기업 문화와 의사결정 전반에 자연스럽게 스며들 수 있도록 해야 한다.

현대차그룹과 SK에코플랜트, 빙그레는 ESG 리더십의 긍정적 사례로 주목받고 있다. 현대차그룹은 ESG를 기업 정체성과 경영 전략의 핵심 가치로 통합하고 있으며, 젊은 리더십을 통해 변화와 혁신을 ESG 전략과 유기적으로 연결하는 데 성공했다.[75] 이처럼 ESG 전략과 기업의 미래 비전이 일치할 때, 진정한 ESG 리더십이 실현된다.

SK에코플랜트의 사례 역시 ESG 리더십의 중요한 기회를 보여준다. 김형근 사장의 리더십 아래, SK에코플랜트는 ESG를 단순한 대응 수준을 넘어, 비즈니스 모델 자체를 혁신하는 전략적 동력으로 삼았다. 이처럼 ESG는 회사의 수익 구조 재편과 미래 성장 엔진으로 기능하고 있다.[76] 이는 ESG가 기업 가치 제고와 장기적 경쟁력 확보에 직접 기여할 수 있음을 보여주는 사례다.

빙그레는 중견기업도 ESG에서 의미 있는 성과를 창출할 수 있음을 입증했다. 빙그레는 임직원 역량 강화, 협력사 동반 성장, 안전보건 체계 구축 등을 통해 사회적 가치를 실현하고 있으며, 2023년 한국ESG평가원의 사회(S) 부문 평가에서 A+ 등급을 획득했다. 빙그레는 다양한 이해관계자와의 지속 가능한 상생에 관해 꾸준히 논의하고 실천해 왔다.[77] 이는 진정성 있는 ESG 실천이야말로 기업 평판 제고와 동시에 경영 성과로 연결될 수 있는 길임을 보여주는 사례이다. 그리고 이러한 사례는 중견기업으로 하여금 체계적인 ESG 경영을 수행해 나간다면 누구나 시장과 사회에서 신뢰받는 기업으로 설 수 있다는 희망을 심어준다.

이처럼 ESG 리더십은 단순한 경영 혁신을 넘어, 기업이 지속 가능한 미래를 창조할 수 있는 결정적 기회를 제공한다. ESG가 단지 의무적 과제로 남지 않기 위해서는, 리더가 이를 기업의 핵심 가치와 조직 문화로 통합하는 의지와 역량을 갖추는 것이 무엇보다 중요하다. ESG 경영이야말로 기업이 사회와 함께 성장하고, 더 나은 미래를 만들어가는 가장 강력한 성장 동력이라고 생각한다. 앞으로의 ESG 리더십은 변화에 유연하게 대응하면서도, 흔들림 없는 윤리성과 지속 가능성의 기준을 세워야 한다. 이를 통해 기업은 시장과 사회로부터 더욱 깊은 신뢰와 지지를 얻게 될 것이다.

ESG 리더십은 윤리와 실행을 함께 품은 변화의 엔진이다. 말이 아닌 실천, 보고서가 아닌 조직 문화로. ESG는 이제, 기업의 본질을 묻는 질문이자 답이다!

전략적 접근법 : ESG 리더십을 위한 실행 전략과 리더의 역할

"혁신적인 ESG 리더십은 사람과 사회를 움직이는 전략에서 출발한다."

필자는 9년째 독도 연예인 홍보대사로 활동하며, 조종철 국장님의 탁월한 리더십 덕분에 ㈜독도사랑운동본부가 매년 눈에 띄게 성장하는 모습에 놀라움을 느꼈다. 국장님의 ESG 리더십은 현장에서 마주한 다양한 도전을 극복하는 데 결정적인 역할을 한다.

처음 국장님과 진행했던 가장 큰 계기는 '독도'라는 주제가 가진 무거움과 거리감을 '어떻게 하면 포용하고 절충해 나갈 수 있을 것인가?'하는 점이었다. 역사적, 영토적 가치로서 독도의 중요성은 이루 말할 수 없으며, 당연히 우리 땅임에도 불구하고 일본과의 영유권 분쟁이 벌어진 이후로 이에 관한 정치적 논란이 끊임없이 일어났다. 하지만 그와 반대로 너무 오래 비슷한 이야기가 반복된다는 것에 국민들의 관심이 점점 멀어졌고 국내뿐 아니라 해외에서도 독도에 대한 올바른 인식을 심어주기란 쉽지 않았다.

이에 '독도사랑운동본부'는 첫째, 기존의 방식을 벗어나 대중과 친근한 사람과의 소통을 통해 많은 노력을 기울여 왔다. 배우 백봉기, 홍경인, 가수 김창렬, 김동찬, 개그맨 졸탄, 김재롱 등 독도 연예인 홍보대사를 통해 국민의 관심을 끌었다. 또한 어린이와 청소년을 대상으로 하는 참여형 프로그램이나 독도 관련 굿즈 제작, 유튜브 채널 운영 등 다채로운 콘텐츠를 제공하여 국민 누구나 쉽게 독도에 다가갈 수 있도록 했다. 독도에 대한 인식을 높이고, 자발적인 참여를 이끌어낼 수 있었다.

둘째, 'Go! DOKDO HERO' 프로젝트로 국내를 넘어 해외 홍보 영웅들과 협력을 확대했다. 한국 홍보 전문가 서경덕 교수와 자연인 윤택을 비롯한 독도 연예인 홍보단과 협력해 미국 미네소타 대학교 독도 동아리 KID를 방문하며 해외 청년들의 독도 사랑을 조명했고, 23년간 캐나다에 거주하며 독도 사랑을 실천한 스티븐 바버 씨의 이야기를 소개하기 위해 캐나다 방문도 계획하며 국제 네트워크를 확장하고 있다.

셋째, ESG 경영에 의한 다양한 시도를 단순한 홍보 수단으로 활용하는 것에 그치지 않고, 이것이 사회적 가치를 실현하고 투명한 거버넌스를 확보할 수 있는 체계적인 리더십임을 보여주었다. 그 결과 아직은 시작 단계이지만 다양한 협력 상품 개발을 통한 관심 집중과 독도의 실효적 지배를 강화하기 위한 대안을 모색하고 있다. 독도사랑운동본부의 국장님은 늘 "즐기는 자만이 이길 수 있다"는 신념을 강조하며 국민들이 즐겁게 참여할 수 있는 문화와 환경 조성의 중요성을 끊임없이 강조했다. 국민과의 거리감을 좁히기 위해 연예인 홍보대사와 다양한 콘텐츠를 적극 활용하는가 하면, 국내외 협력 네트워크를 확대해 투명한 운영으로 신뢰를 쌓아가는 데 꾸준한 노력을 기울였다. 이는 ESG 리더십이 직면한 무관심과 사람들과의 거리감을 극복하는 핵심 전략이자, 국민의 일상 속에 독도가 자연스럽게 자리 잡도록 하는 지속 가능한 방법이라고 할 수 있다.

결론적으로, 독도사랑운동본부의 사례는 ESG 경영 리더십이 마주하고 있는 어려움을 위기가 아닌 기회로 전환할 수 있는 힘을 보여준다. 그리고 아무리 무겁고 복잡한 사회문제도 대중 친화적이고 창의적인 접근으로 극복할 수 있으며 글로벌 협력과 투명한 거버넌스를 통해 지속 가능성을 확보하는 것이 현대 ESG 리더십의 본질임을 확인할 수 있다.

이처럼 ESG 경영은 단순한 기업 운영 방식을 넘어 사회와 환경을 함께 고려하는 책임 있는 리더십이다. 무겁고 어려운 사회적 문제도 친근하고 혁신적인 소통과 협력을 통해 극복할 수 있으며, 국민과 신뢰를 쌓고 다양한 이해관계자와 협력하는 것이 무엇보다 중요하다. 우리 각자도 작은 실천부터 시작해 사회적 책임을 다하고, 투명하고 열린 소통으로 지속 가능한 사회를 만들어 가야 한다. 독도사랑운동본부의 사례가 보여주듯, 이러한 작은 실천과 끈기 있는 노력이 모여야 비로소 진정한 ESG 리더십이 실현된다. 그리고 그때야말로 지속 가능한 사회와 기업의 성장이 가능해진다.

기업 문화의 변화 : ESG 리더십이 조직 문화를 어떻게 변화시키는가

"사람들이 일하는 방식을 바꾸지 않으면, ESG는 숫자만 남는다."

ESG 경영을 성공적으로 실현하려면 조직문화 전반의 변화가 반드시 필요하다. 많은 기업이 ESG 경영을 도입하려고 하지만, 기존의 조직문화가 큰 장애물로 작용한다. 변화에 대한 수용 부족, 기존 관행에 대한 저항, ESG에 대한 실질적 이해 부족이 실행에 걸림돌이 된다. ESG 경영을 효과적으로 실행하려면 윤리적 리더십이 조직 전반에 뿌리내려야 한다. 이를 기반으로 조직문화 혁신과 직원 교육 등이 병행되어야 한다.[78]

결론적으로, 조직문화는 ESG 경영의 성공을 좌우하는 중요한 열쇠다. 기업의 체질과 문화 자체를 바꿀 수 있는 전략으로 보아야 한다. 윤리적 리더십과 견제 시스템이 잘 갖춰질수록 사람들은 서로간 신뢰가 형성되고, 기업은 체질이나 문화를 바꾸는 과정에서도 건강한 방향으로 나아갈 수 있다. 단순한 유행이나 외부 평가 장치가 아니라, 기업의 체질과 문화 자체를 바꾸는 전략이라는 점에 깊이 공감한다. 윤리적 리더십과 견제 시스템은 사람 간 신뢰를 형성하고 조직 문화 속으로 ESG 가치를 내재화하는 과정이다. 이는 '사람 중심의 경영'과도 맞닿아 있으며, 지속 가능성은 결국 사람들의 행동과 사고방식 변화에서 비롯된다는 점을 교육 현장에서 계속 느끼고 있다.

특히 '거버넌스'는 단순한 지배구조를 넘어, 의사결정의 투명성과 구성원 참여, 윤리경영 등을 포함해 조직문화 전반에 영향을 준다. 좋은 거버넌스를 가진 기업일수록 조직 몰입과 만족도가 높으며, 수평적 소통 문화가 효과적이다. 공정한 의사결정과 기회 제공은 구성원 간 지지와 연대를 강화하지만, 불공정하고 불투명한 거버넌스는 내부 갈등 및 불신을 초래한다. 거버넌스는 구성원의 실천과 리더의 청렴성을 통해 조직문화로 구현된다.[79] ESG 거버넌스는 단순한 제도를 넘어서, 구성원들의 조직문화와 태도 속에서 구현된다고 생각한다.

❌ 숫자보다 먼저 바꿔야 할 것, 바로 문화다

조직문화는 ESG 성과에 직접적인 영향을 미친다. EY한영 연구와 숙명여자대학교의 공동 연구에 따르면, 조직문화에 중점을 둔 기업이 ESG 평가에서 더 높은 성과를 달성하며, 특히 '사회(S)' 영역에서 조직문화에 대한 만족도가 높을수록 우수한 평가를 받을 가능성이 높았다. 조직문화 개선을 우선시하는 기업은 편견, 차별, 불공정한 관행을 줄이고, 안전사고와 직장 내 괴롭힘을 예방함으로써 ESG 전반에 걸쳐 긍정적인 영향을 미치고 있다. 긍정적인 조직문화를 가진 기업일수록 유연한 근무 환경, 수평적 관계, 다양한 성장을 제공했지만, 권위주의적 리더십과 수직적인 문화는 부정적인 평가를 받는 경향이 큰 것으로 분석되었다.[80]

조직문화는 '눈에 보이지 않는 공기'와 같다. 말은 하지 않아도 구성원이 느끼고 반응하는 '감정의 토양'이며, 이 보이지 않는 문화야말로 ESG의 지속 가능성을 좌우하는 가장 근본적인 요소다. ESG 리더십은 구성원 인식과 행동 변화에도 큰 영향을 준다. 〈조직구성원의 ESG 경영 활동 인식이 혁신행동에 미치는 영향 : 일의 의미의 매개효과와 코칭 리더십의 조절 효과를 중심으로〉에 따르면 ESG 경영 활동 인식은 구성원의 혁신 행동에 긍정적 영향을 주며, '일의 의미'가 이 관계를 매개하고, 상사의 코칭리더십이 이를 조절하는 것으로 나타났다. 이는 리더가 단순 지시가 아닌 성장 기회와 맥락을 제공하는 코칭 리더십을 통해 ESG 문화를 정착시킬 수 있다는 의미다.[81] 이처럼 교육 현장에서도 학생과 교사가 각자의 역할 속에서 사회적 책임과 의미를 체감하도록 돕는 것이 중요하다.

실제 글로벌 성공 사례에서도 ESG는 단순한 등급 관리가 아닌, 기업 체질과 경영 혁신을 요구한다. 덴마크 오스테드, 핀란드 네스테, 영국 유니레버 등은 강력한 리더십과 장기 비전 아래 친환경 비즈니스 모델로 전환하며 ESG 기반의 성과를 이끌어냈다. 이들 기업은 재무성과와 지속 가능성을 조화롭게 연결하고, 이해관계자와의 소통을 통해 조직 문화와 방향성을 혁신한 사례로 평가받는다.[82]

결국, ESG 문화의 변화는 단순한 외부 평가 대응이 아니라 조직의 가치 체계와 사람들의 행동 변화를 동반해야 한다. 교육 현장에서도 아이들과 함께 가치 중심 의사결정과 사회적 책임의 의미를 생활 속에서 체감할 수 있는 방향으로 ESG적 사고방식을 자연스럽게 뿌리내리기를 바란다. 이러한 철학은 기업에서도 동일하게 적용되어야 한다. 기업 역시 이러한 ESG 철학을 조직 문화 전반에 자연스럽게 내재화해야 한다. ESG는 결국, '사람이 사람을 어떻게 대하느냐'에서 출발한다. 그 관계의 질이 조직 문화를 바꾸고, 결국 지속 가능한 성과로 이어진다. 앞으로 더 많은 조직들이 형식적인 ESG에서 벗어나 사람 중심의 실질적인 ESG 문화를 정착시켜야 한다. ESG는 숫자가 아니라, 사람이 만들어가는 문화다.

미래 전망 : ESG 리더십의 미래와 지속 가능한 성장의 방향

"지금 우리는 ESG를 '경영 전략'으로만 볼 것이 아니라, 다음 세대를 위한 지속 가능한 미래 설계의 원칙으로 받아들여야 할 시점에 와 있다."

ESG 관련 규제가 강화되고 기후 위기에 대한 대응의 필요성이 커지면서, 정부와 기업, 시민사회가 협력하여 ESG 경영을 체계적으로 실천하는 일이 그 어느 때보다 중요해졌다. 이에 발맞추어 환경재단과 매일경제는 2021년부터 'ESG 리더십 과정'을 공동 운영해 왔으며, 기업 최고경영자를 비롯한 사회 각계 리더들이 참여해 ESG 경영 모델 구축에 기여해 왔다. 2024년 9월부터 11월까지 진행된 제8기 ESG 리더십 과정에서는 ESG 전략 수립, 규제 대응, 탄소중립 실현 등을 중심으로 심도 있는 교육과 토론이 이루어졌으며, 이는 기업과 사회 리더들의 ESG 역량 강화를 지원하는 중요한 기회가 되었다.[83]

이와 같은 ESG 리더십 과정이 꾸준히 운영되는 것만 보아도 이것이 단순한 교육 프로그램을 넘어 우리 사회가 가치 중심의 방향으로 전환하고 있음을 상징한다고 볼 수 있다. ESG는 '착한 경영'에서 머무르지 않는다. 그 단계를 넘어 지속 가능한 생존과 공생을 위한 더 많은 과제를 수행해 나간다. 필자도 교육 현장에서 리더십의 진정한 의미에 관해 학생들과 많은 대화를 나눠왔다. 그 과정은 리더로서 기업을 운영하는 데 필요한 철학을 세우고 실천을 구체화하는 데 많은 영향을 끼쳤다. 직접 해보았기에 그 과정이 얼마나 중요한지 알고 있으며 학교 교육에서도 ESG의 이념에 관해 많은 부분을 일찍부터 배울 수 있도록 커리큘럼을 개편할 필요가 있다는 의견에 동의한다. 다음 세대는 분명 우리보다 일찍 이 방식에 익숙해지고, 성과보다는 과정을, 경쟁보다는 공존을 이야기할 줄 알아야 한다고 느끼기 때문이다.

그렇다면 그 변화를 이끌어 갈 리더는 어떤 사람이어야 하는가? 그에 관해 《변혁의 시대 ESG 리더십》은 급변하는 사회 속에서 리더가 갖추어야 할 가치와 방향성을 ESG의 관점에서 제시한다. 이 책은 리더십을 단순한 성과 창출이 아닌 '지속 가능한 과정' 중심의 통합적 개념으로 재정의하며, 환경 보호, 사회적 책임, 윤리적 거버넌스가 결합된 새로운 리더상을 구체적으로 설명한다. 또한 변화와 위기 속에서 효과적인 의사결정, 조직 운영, 갈등 관리 방법 등을 소개하며, 혼란의 시대를 헤쳐 나갈 방향을 제시한다.[84]

그 리더십의 방향성은 내가 평소에 고민했던 방향과도 정확히 일치했다. 바로 '어떤 과정을 거쳐 그 결과에 도달했는가?' 하는 점의 중요성에 공감되었다. '이제는 어떤 것을 이뤘는가?' 하는 결과론적 접근이 아닌, '어떤 과정을 겪고, 얼마나 많은 다양한 경험을 쌓아왔는가?' 같은 일상적인 관계 속에서 일어나는 여러 가지 감정의 교류다. 필자는 선생님이자 연구자, 그리고 다양한 조직 구성원으로서 사회적 약자에 대한 존중이 리더십의 핵심임을 깊이 실감하게 되었다. 책에서 말하는 '통합적 리더상'은 ESG의 각 요소가 리더십과 어떻게 연결되어 있고, 어떻게 실천할 수 있는지 구체적인 방향을 제시해 준다.

다가오는 ESG 시대, 변화는 이미 시작됐다

앞서 살펴본 리더십 철학처럼, 기업들도 단순한 환경 피해 저감을 넘어 재생과 순환경제 활성화에 주력하고 있으며, 이사회

차원에서 ESG를 핵심 과제로 삼아 다양성, 포용성, 지속 가능성을 강화하고 있다. AI와 자동화의 도입으로 직장 내 불평등 우려가 커지는 상황에서, ESG 경영은 이를 해결할 대안으로 주목받고 있다. 앞으로 글로벌 산업은 2035년까지 ▲재생 혁명 ▲이사회 회의실의 중심이 될 ESG ▲자동화된 사회 ▲지정학적으로 확장되는 ESG라는 네 가지 주요 트렌드를 중심으로 큰 변화를 맞이할 것으로 전망된다.[85]

특히 AI와 ESG가 만나는 지점을 주목해야 한다. 그 지점이 우리가 앞으로 어떤 미래를 만들어가야 하는지 시작과 방향성을 알려주고 있기 때문이다. 예를 들어, 자동화가 가속화되어 인력이 필요 없는 사업장이 많아질수록, 소외되거나 불평등에 놓인 사람들이 겪는 혼란은 우리가 만들어가야 할 미래의 방향성을 시사한다. 자동화가 가속화될수록 그 과정에서 소외되거나 불평등에 놓이는 이들에 대한 고민이 더욱 중요해진다. 교육공학 연구자로서 필자는 AI 기반 디지털 교과서를 통해 어떻게 공정하고 포용적인 학습 환경을 조성할 수 있을지 회의적이다. 그 계획 안에는 ESG 관점에서 함께 다루어져야 할 '무엇을 위한, 누구를 위한 기술인가'라는 질문이 빠져 있으며, 이런 점을 보완해 궁극적으로 ESG는 기술을 사람 중심으로 되돌리는 기준이 되어야 한다고 생각한다.

LX하우시스는 환경, 사회, 지배구조 세 축을 중심으로 ESG 경영을 실천하며 지속 가능한 발전을 추구하고 있다. 이 회사는 온실가스 감축과 친환경 소재 사용을 통해 환경 보호에 앞장서고, 지역사회와의 상생을 위한 다양한 사회공헌 활동을 전개하며, 투명하고 윤리적인 경영 체계를 구축하여 9년 연속 지속 가능 경영지수에 편입되는 성과를 이루었다.[86]

LX하우시스의 사례는 ESG가 단순한 구호가 아닌 실천과 성과로 이어질 수 있음을 보여준다. 특히, '9년 연속 지속 가능 경영지수 편입'이라는 성과는 체계적인 시스템과 일관된 철학 덕분에 가능했다. 이처럼 교육 기관도 지속 가능성과 투명성을 갖춘 구조로 변화해야 한다. 이러한 기업의 ESG 사례는 교육적·정책적 방향 설정에 중요한 참고가 된다. 또한 지역 상생 전략과 사회공헌 활동은 교육기관과 학교가 본받아야 할 귀감이라고 생각한다.

LG에너지솔루션은 "We CHARGE toward a better future"라는 ESG 비전을 중심으로 기후 행동, 자원 선순환, 인적 자본 관리, 책임 있는 공급망 관리라는 네 가지 핵심 영역을 중점 추진하고 있다. 또한 ESG 중요한 이슈에 체계적으로 대응하기 위해 2021년 6월 ESG위원회를 구성했다. 환경, 인권, 안전보건, 사회적 책임, 주주가치, 고객 가치, 지배구조 등 ESG 분야의 기본 정책과 중장기 목표 등을 ESG 위원회를 통해 기업경영 전반에 ESG 이슈를 통합적으로 반영하고 있다. 더불어 전 임직원이 ESG 가치를 내면화할 수 있도록 교육을 진행하며, 글로벌 이니셔티브에도 적극 참여하고 있다.[87] 어느 한두 부서에서 주관하는 이벤트가 아니라 전체가 공감하고 실천하는 조직문화로 정착해 가고 있다는 뜻이다. 왜 LG에너지솔루션은 이렇게까지 ESG 철학을 확장한 것일까? 그것은 ESG가 '경영'이 아닌 '학습과 문화'의 문제임을 알리려는 것이다. 기후, 자원, 사람, 공급망이라는 네 가지 키워드는 우리가 지속 가능한 미래를 설계할 때 반드시 고려해야 할 핵심 요소다. 그러므로 조직 구성원 모두가 ESG를 자신과 무관한 일 아닌 가장 최우선으로 고려해야 할 일로 인식해야 한다는 것이다. 그래야만 그 산하에 있는 교육기관과 해당 분야를 원하는 많은 인력들도 ESG의 가치 실현에 자연스럽게 필요성을 느낄 수 있을 것이기 때문이다.

앞으로 ESG 리더십은 점점 더 기업과 교육기관의 정체성과 운영 전반에 깊이 뿌리내릴 것이다. 그리고 그들이 잘 성장했을 때 ESG는 단순한 외부 규제 대응 방안이나 무심코 지나쳐도 되는 게 아니라 조직 구성원 모두가 공유하면서 지켜야 할 가장 중요한 가치로 자리 잡을 것이다. 결국, ESG의 지속 가능성은 기술이 아니라, 사람의 선택과 태도에서 시작된다. 우리는 지금,

더 공정하고 지속 가능한 미래를 실천으로 그려가는 전환점에 서 있다. 그리고 그 변화는 더 이상 먼 이야기가 아니다. 이미 우리 안에서 움직이고 있다.

AI와 클라우드 기술의 발달로 ESG 경영 방식이

근본적인 변화를 맞고 있다.

4장

ESG 경영 리더십을 실행하라! ①

오늘날 소비자, 투자자, 인재, 정책당국까지 모든 이해관계자는 기업이 어떤 사회적 가치를 창출하고 있는지 주목하고 있다.

ESG 경영이란 무엇이며, 최신 트렌드는 무엇인가?

"이제 ESG는 철학이 아니라, 데이터와 기술로 움직이는 경영의 표준이 되었다."

AI와 클라우드 기술의 발달로 ESG 경영 방식이 근본적인 변화를 맞고 있다. 이제 ESG는 투명성 확보, 윤리적 AI 활용, 환경 지속 가능성 달성을 위한 측정 가능한 전략으로 빠르게 진화하고 있다. AI는 ESG 데이터 수집과 분석, 공시 수준을 획기적으로 향상시키며, 클라우드 기반 기술은 전사적 ESG 활동을 보다 효율적이고 투명하게 관리하는 데 기여하고 있다.[88]

기업들은 ESG를 단순한 리스크 관리 차원을 넘어, 새로운 성장 동력으로 적극 활용하고 있다. 이를 위해 규제 대응, 자금 조달 전략, M&A 전략 수립, 기술 혁신, 그리고 기업 보고 체계 고도화까지 ESG 중심으로 경영 체계를 재설계하고 있다.[89] ESG를 선도적으로 수용하는 기업만이 지속 가능한 발전과 차별화된 경쟁력을 확보할 수 있다.

2025년 현재 한국 기업들은 ESG 환경 변화에 복합적으로 대응해야 하는 상황에 놓여 있다. 글로벌 정치적 불안정 속에서 미국과 EU를 중심으로 탄소국경세와 공급망 실사 지침이 강화되고 있으며, 국내에서는 ▲기후소송과 탄소중립기본법 개정, ▲2035년 국가 온실가스 감축 목표 설정(NDC), ▲배출권거래제 4차 계획(2026~2030년), ▲제11차 전력수급기본계획(2024~2038년) 등 ESG 중심의 정책 변화가 추진되고 있다. 여기에 지배구조의 투명성 제고, 인권·환경·노동 문제 대응, 개인정보 보호, 녹색금융 활성화 등도 기업이 적극적으로 추진해야 할 주요 과제로 부상하고 있다.[90]

글로벌 ESG 투자 트렌드 역시 빠르게 변화하고 있다. MSCI는 2025년 주목할 ESG 트렌드로 에너지 전환과 기후 변화 적응 투자, 사회적 위험 대응, 생성형 AI 기반 데이터 확보, 거버넌스 변화, 자발적 탄소시장 회복 가능성 등을 제시하였다. 특히 비상장 저탄소 솔루션 기업에 대한 투자 확대와 윤리적 AI 활용, 고품질 탄소 크레딧 확보 및 국제 탄소시장 활성화는 앞으

로 ESG 투자 환경을 좌우할 주요 동력으로 평가되고 있다.[91]

❈ ESG는 책상이 아닌 현장에서 완성된다

국내외 기업 현장에서도 ESG를 선언적 가치가 아닌 실행 가능한 비즈니스 전략으로 전환하려는 노력이 한층 활발해지고 있다. ESG는 이제 탑다운 방식으로 전략적 방향성을 제시하면서도, 동시에 전사적 실행력을 확보해야만 실질적 성과로 이어질 수 있다. 이 과정에서 리더십의 역할은 더욱 중요해지고 있다.

대표적인 사례로 SK에코플랜트는 김형근 대표이사의 리더십 아래 탄소 배출 감축, 재생에너지 전환, 안전보건 강화, 협력사와의 상생, 반부패 윤리경영 등을 체계적으로 추진 중이다. 특히 2040년까지 넷제로(Net Zero) 목표 달성을 위한 구체적 전략을 수립하여 ESG 경영 실행 단계에서 선도적 사례로 주목받고 있다.[92]

ESG 경영의 본질을 ESG 최신 트렌드에 관한 자료를 읽고 이해하는 것만으로는 부족하다. 그보다는 실천력 있는 리더십을 가진 리더가 구체적으로 실현 전략을 세워 추진해야만 한다. 즉, 조직의 DNA로 내재화하고 지속 가능한 혁신으로 연결해야만 ESG가 기업의 진정한 경쟁력으로 자리 잡을 수 있다. ESG가 외부 평가를 위한 형식적 수단이 아니라 조직 내부의 의사 결정 기준으로 작동할 때 그 효과는 더욱 커진다. 무엇보다 ESG는 경영진의 결단과 현장의 실행력이 맞물릴 때 우리는 비로소 성과를 얻어낼 수 있다. 그러므로 전사적 실행 체계를 구축하고, 구성원들이 ESG 가치를 진정성 있게 공감하도록 소통하며, 성과를 투명하게 관리하고 공개할 수 있도록 해야 한다. 그리고 모든 변화는 선언이 아니라 구체적 행동에서 시작된다는 것을 잊어서는 안 된다.

'ESG 경영이란 무엇이며, 최신 트렌드는 무엇인가?' 그 질문에 지금이야말로 ESG는 기술과 데이터, 전략과 실행이 긴밀히 결합한 '새로운 경영의 표준'으로 자리 잡는 시기라고 대답하고 싶다. 살아남아 뒤처지지 않기 위해서는 단순히 해야 하는 일, 보여주기 위한 활동을 넘어, 기업의 존재 이유와 철학에 자연스럽게 녹아드는 수준까지 나아가야 한다. 만일 그 정도로 ESG가 조직 문화로 깊이 스며들 수 있다면 기업은 지속 가능성과 경쟁력을 넘어 사회적 책임까지 아우르는 진정한 리더십을 실현하게 될 것이다.

ESG 경영이 기업의 미래 경쟁력에 미치는 영향

"가치를 실행하는 기업만이 내일의 시장을 선도한다."

오늘날 소비자, 투자자, 인재, 정책당국까지 모든 이해관계자는 기업이 어떤 사회적 가치를 창출하고 있는지 주목하고 있다. 단순히 제품과 서비스의 품질을 넘어, 환경 보호, 사회적 책임, 투명한 지배구조가 경쟁 우위의 핵심 조건으로 자리 잡았다. ESG 경영은 지속 가능성과 미래 경쟁력을 동시에 확보하는 핵심 전략으로 부상하고 있다.

❎ 이제 ESG는 성장의 핵심 엔진이다

기업의 규모나 업종을 넘어 ESG는 오늘날 경쟁력을 좌우하는 핵심 가치로 자리 잡고 있다. 중소기업은 빠른 의사결정과 유연성을 바탕으로 ESG를 전략적으로 도입할 경우, 대기업보다 더 민첩하게 변화에 대응하고, 신뢰 기반의 브랜드 가치를 효과적으로 구축할 수 있다. 다만 많은 중소기업들이 아직 ESG 도입 경험과 노하우가 부족한 만큼, 정부 및 민간 차원의 실효성 있는 지원과 실무 중심의 ESG 가이드 마련이 반드시 필요하다.

중소기업의 경우 ESG 경영이 단순한 사회적, 환경적 책임 이행을 넘어 브랜드 가치 강화, 비용 절감, 인재 유치 등 실질적인 혜택을 제공할 수 있다. 하지만 ESG 도입을 위한 구체적인 방법에 대한 정보와 경험이 부족한 것이 현실이다. 기업 맞춤형 ESG 경영을 도입하기 위해서는 전문가의 도움을 받고, 컨설팅을 통해 체계적인 전략 및 실행 가이드를 마련하는 것이 중요하다. 스타리피 어드바이져는 기업의 다양한 상황에 맞게 위험 요소를 분석해, 기업 맞춤형 제도 정비와 전략 수립 등을 지원하는 컨설팅을 제공 중이다.[93] 최근 정부와 민간에서도 중소기업 대상 ESG 가이드북과 온라인 학습 플랫폼을 무료로 제공하고 있어, 이를 적극 활용하면 초기 도입 부담을 줄일 수 있다.

기업들이 ESG 전략을 단순한 부가적 활동으로 접근한다면 지속적인 경쟁력을 확보하기 어렵다. 경영 전략 그 자체에 ESG 관점을 내재화하고, ESG 성과를 정기적으로 공개하고 관리하는 것이야말로 신뢰 기반 성장으로 이어진다. 이미 ESG 성과가 높은 기업일수록 고객 충성도, 투자자 신뢰, 파트너사와의 관계 등에서 긍정적인 평가를 받고 있으며, 이는 곧 재무 성과로도 연결되고 있다.[94] ESG와 재무성과는 이제 분리된 영역이 아닌 전략적 축으로서 긴밀히 맞물려 작동하고 있다.

인재 경쟁에서도 ESG는 점점 더 중요한 요소로 떠오르고 있다. 특히 MZ세대는 단순한 연봉 수준보다 기업이 어떤 사회적 가치와 책임을 실천하고 있는지를 더 중요하게 평가한다. ESG를 실천하는 기업일수록 젊은 인재에게 선호도가 높고, 내부 구성원의 몰입도와 충성도도 함께 향상된다.[95] 이는 채용 트렌드에서도 뚜렷하게 나타난다. 풀무원, 카카오, LG 등 ESG를 적극적으로 실천하는 기업들은 긍정적인 기업 브랜드를 통해 우수 인재를 선제적으로 확보하고 있다. MZ세대는 입사지원 단계에서부터 기업의 ESG 실천 여부를 면밀히 살펴보고, 조직문화와 ESG 가치를 중시하는 기업을 선택한다. 이러한 흐름 속에서 기업들은 채용 브랜딩 전략에 ESG 요소를 적극 반영하고 있다.[96]

디지털 기술과 순환경제가 융합되면서 ESG는 이제 혁신 전략의 중심축으로 자리매김하고 있다. ESG 데이터 기반의 투명한 경영, 디지털 플랫폼을 통한 친환경 프로세스 혁신, 지속 가능한 제품 설계 등은 새로운 비즈니스 기회를 창출하고 있다. ESG를 경영 전략의 핵심으로 삼은 기업들은 빠르게 변화하는 시장 환경에서 경쟁 우위를 확보하고 있다. 이러한 흐름 속에서 ESG 전문 인력 확보는 기업 경쟁력의 핵심 요소로 부각되고 있다.[97]

ESG 전문가는 단순한 관리 차원을 넘어 기업 전략 전반에 ESG 관점을 반영하고 실질적인 변화와 혁신을 이끄는 리더로 자리매김해야 한다. 정부는 기업의 인력난 해소를 위하여 2025년까지 1천여 명의 전문인력을 양성할 계획이라고 밝혔다.[98] 이에 정부와 기업은 ESG 인재 양성을 위한 체계적인 교육과 지원체계를 마련하고, 인재 육성을 통해 ESG 기반의 사람 중심 경영을 실현해야 할 것이다. 이제 소비자도, 시장도 더 이상 눈앞에 놓여진 제품이나 서비스 하나만 보고 그 기업을 평가하지 않기 때문이다. 그 기업이 어떤 가치와 비전을 추구하며 지금까지 이어져왔는지 진정성을 평가하고, 향후 어느 정도 경쟁력을 갖고 성장할 것인지, 미래 경쟁력을 갖춘 충만한 기업인지도 고려한다. 이에 따라 기업은 소비자의 변화에 맞춰 ESG 경영이론을 하나의 경영 프레임으로 설정하고, 그에 맞는 제품을 선별할 수 있도록 노력해야 한다. 지속 가능한 미래를 향해 행동하는 기업, 그리고 가치 중심으로 사고하는 기업만이 더 넓은 시장과 진정한 신뢰를 얻을 수 있다. 그 변화적 중심에는 바로 ESG 경영이 있다.

ESG 경영은 어떻게 새로운 혁신과 비즈니스 모델 전환을 이끄는가?

"혁신의 시작은 기술이 아니라, ESG라는 가치에서 출발한다."

오늘날 시장은 더 이상 제품이나 서비스만으로 기업의 경쟁력을 평가하지 않는다. '그 기업이 어떤 가치를 추구하고, 어느 정도 부담을 감수하며 사회적 책임을 다하고 있는가' 등 모든 면을 종합적으로 평가하는 데 이미 익숙해져 있다. 디지털 전환 사회로 접어들면서 기업이 트렌드에 뒤처지지 않고 변화하길 요구받는 상황이다. 이에 따라 그들의 사회적 책임 실천과 가치 지향이 미래를 결정하는 중요한 기준으로 자리 잡았다. 또한 ESG 경영은 디지털 전환과 맞물려 기업 혁신의 촉매제로 작용하고 있다. 이를 적극적으로 수용한 기업은 지속 가능성을 확보하고 비즈니스 모델을 창출하며 경쟁력을 강화하고 있다.

2025년 현재, 전 세계 기업들은 ESG와 AI 중심 디지털 전략을 결합해 성장의 새로운 길을 모색 중이다. 다양한 산업 분야에서 ESG 투자와 AI 기술 도입이 활발히 이루어지며, 데이터 기반 의사결정과 프로세스 혁신 또한 빠르게 확산되고 있다. 제조업과 전력 인프라 분야에서는 AI와 클라우드 기술을 통해 생산성과 지속 가능성을 높이고 있으며, 원격 건설과 같은 디지털 생태계도 빠르게 성장하는 추세다. 이러한 변화는 경제적 가치와 사회적 책임을 조화롭게 실현하는 새로운 비즈니스 모델 구축으로 이어지고 있다.[99] 그렇다면 ESG를 어떻게 기업의 실천 전략으로 녹여낼 수 있을까?

ESG는 어떻게 '혁신의 DNA'가 되는가?

글로벌 선도 기업 유니레버는 ESG 전략을 비즈니스의 본질과 일체화하여 혁신을 주도해왔다. USLP(Unilever Sustainable Living Plan)를 중심으로 구축한 거버넌스, 실행 원칙, 가치사슬 확산 등의 노력이 조직 전반에 ESG 가치를 자연스럽게 내재화했으며, 이를 통해 지속 가능 경영 분야에서 오랜 기간 선도적 위치를 지켜 왔다.[100] 이 사례는 ESG가 조직 내에서 실질적인 변화를 이끌어내려면 리더의 선언적 의지에 그치지 않고, 구성원 모두가 일상 업무 속에서 그 가치를 체감하고 실천하는 것이 필수적임을 보여준다. 전사적 문화 전환과 구성원의 자율적 참여가 결합될 때, ESG 기반의 혁신은 지속 가능성을 확보할 수 있다. 이러한 접근은 대기업뿐 아니라 스타트업과 중소기업에서도 유효하다. 초기 단계에서는 ESG 기반 비즈니스 모델을 명확히 구축함으로써 투자 유치와 차별화된 시장 포지셔닝을 이루고, 성장기에는 전략적 실행을 통해 지속 가능성을 강화할 수 있다. 기업이 안정기에 접어들면 리스크 관리와 정보 공시 강화를 통해 장기적 기업 가치를 높이는 접근이 요구된다.[101] 기업 설계 초기부터 ESG 원칙을 조직 DNA에 심는 전략은 장기적으로 탁월한 선택이다. 창업 초기부터 ESG 친화적 가치와 문화를 내재화한 기업이라면 이후 성장 과정에서도 자연스럽게 ESG 원칙을 사업 전반에 확장할 수 있기 때문이다. 그렇게 축적된 역량은 브랜드 가치와 시장 신뢰도가 실제 구매로도 이어지니 기업의 차별화된 경쟁력이 수익성으로까지 이어지는 좋은 경우라 할 수 있다.

유통산업 또한 ESG 전략을 경영 핵심 축으로 삼고 있다. 월마트, 아마존, 이마트, 쿠팡 등은 지속 가능성과 사회적 책임, 디지털 혁신을 유기적으로 연결하여 고객 신뢰를 구축하고 있다. 유통업의 특성상 브랜드 신뢰도는 ESG 실행과 직결되며, 이는 소비자의 구매 결정과 시장 점유율에 실질적인 영향을 준다. ESG 가치를 고객 접점에서 효과적으로 전달하는 기업일수록 시장에서 경쟁 우위를 확보할 가능성 또한 높아진다.[102]

최근, 비전 수립부터 정보 공시, 이해관계자와의 소통에 이르기까지 체계적인 ESG 시스템을 구축한 기업들은 자본 조달 비용 절감과 긍정적 기업 이미지 구축 등 다양한 성과를 만들어내고 있다. 글로벌 가이드라인 기반 정보 공시, 제3자 인증 확보, ESG 평가 활용, 최고경영진 주도의 거버넌스 체계 구축은 성공적인 ESG 실행을 뒷받침하는 주요 요소로 자리 잡고 있다.[103]

위와 같은 요소는 단순히 평판 관리 도구를 넘어 혁신적 제품과 서비스 개발, 친환경 가치사슬 구축, 이해관계자 신뢰 형성 등 모든 경영 활동에서 ESG 철학의 실현을 뒷받침하는 비즈니스 모델을 만들어내고 조직 문화를 근본적으로 변화시키는 전략적 축으로 자리매김하고 있다. 보고서용 성과에 머무르는 게 아니라 ESG 가치를 핵심 가치와 운영 모델에 깊이 새겨 넣어 진짜 지속 가능한 혁신과 발전을 이끌어가는 것이다. 그렇게 촘촘하게 계획된 사고방식과 전략적 의사결정 기반 위에서 ESG가 중심적 역할을 수행할 때, 기업은 변화하는 미래 시장에서도 강력한 차별화 역량을 확보하며 지속 가능한 경쟁력을 갖출 수 있다. 이제 ESG는 선택이 아닌, 기업 혁신의 방향성 그 자체다. 그리고 이를 실행에 옮길 수 있는 리더십을 갖추는 리더만이 미래 시장을 주도할 주도권을 쥐게 될 것이다.

ESG 경영은 우수 인재 확보와
포용적 조직 문화를 어떻게 만드는가?

"경쟁력 있는 조직은 '다름'에서 가치를 발견한다."

ESG 경영의 중심 키워드가 점차 '포용(Inclusion)'으로 이동하고 있다. 2025년부터 자산총액 2조 원 이상의 상장기업은 ESG 정보를 의무적으로 공개해야 하며, 이 과정에서 다양성과 포용성에 대한 정보가 중요한 공개 항목으로 부각되고 있다. 기업들은 구성원의 다양성과 실질적인 기회 평등을 설명해야 하고, 이는 투자자와 소비자들의 평가 기준으로도 작용하고 있다. 포용은 단순한 채용 단계에서 끝나는 문제가 아니라, 구성원이 함께 일하고 성장하며 존중받는 조직 경험으로 이어져야 진정한 경쟁력이 된다.[104]

❌ 같은 생각으로는, 다른 결과를 낼 수 없다

2025년 HRD(인적자원개발) 분야에서도 DEI(다양성·형평성·포용: 다양한 사람이 차별 없이 존중받고 함께 성장하는 조직 문화를 뜻함)가 중요한 화두로 떠오르고 있다. 한국생산성본부의 '2025 HRD 트렌드 리포트'에 따르면 ▲AI 리터러시, ▲DEI(다양성, 형평성, 포용성) 그리고 ▲스킬 기반 인재 개발이 올해 HRD의 핵심 키워드로 선정되었다. 이는 기술 변화와 세대 간 이슈가 조직 내 일하는 방식을 근본적으로 변화시키고 있다는 점을 시사한다.[105] 다양한 인재가 함께 일하고 존중받는 문화를 구축하지 않는다면, 조직은 변화하는 시장과 인재 환경에서 뒤처질 수밖에 없다.[106]

ESG 경영을 위한 바이블로 평가받는 《ESG A to Z》에서는 중소기업·중견기업도 ESG 경영을 통해 생존과 경쟁력을 확보해야 한다고 강조한다.[107] 특히 기업 문화 차원에서 다양성과 포용성을 확보하는 것은 지속 가능한 성장의 핵심 동력으로 인식되고 있다. DEI가 내재화된 조직은 더 창의적이고 유연한 문제 해결이 가능하며, 다양한 관점이 반영된 의사결정으로 혁신을 촉진할 수 있다. 이처럼 조직 내 다양성과 포용성을 성과로 제시해야 하는 흐름이 확대되고 있다. 특히 DEI 성과를 수치로 보여줄 수 있어야 조직 내 권력 격차를 완화하고 정보·인지 다양성을 높일 수 있다. 이는 궁극적으로 보다 합리적이고 창의적인 의사결정으로 이어진다.[108] 기업들은 이제 단순한 선언이 아닌, 구체적 실행 방안과 시스템 구축을 통해 DEI 수준을 실질적으로 향상시켜야 하는 시점에 와 있다.

최근 포용적 조직문화는 강조되는 기업문화의 중요한 요소로 드러나고 있다. 이는 MZ세대라고 불리는 20~30대 사원들 사이에서 다양한 인재 존중과 포용성 있는 문화를 중시하는 인식이 확산되었기 때문이다. 그런 인재들이 적극적으로 지원하고 오래 머무는 조직이라면 자연스럽게 역량과 창의성이 높은 인재 창고를 구축할 수 있으며, 더 나아가 기업의 혁신 역량으로 이어질 것이다.

기업들 역시 ESG 전략과 DEI를 인재 경영과 조직 문화의 중심에 두고 있다. 이를 통해 내부 역량을 강화하고 외부 이해관계자와의 신뢰를 구축할 방안으로 모색해야 한다. 즉, 포용적 조직문화 구축은 일회성 캠페인으로 끝나는 것이 아니라 전사적 시스템과 리더십의 일관된 실행이 뒷받침되어야 지속 가능한 성과로 이어질 수 있기 때문이다.

문제는 'ESG 경영이 우수 인재 확보와 포용적 조직문화를 어떻게 만드는가?'하는 점이다. 그 해답은 결국 '문화와 구조의 일관성'에 있다. 일관성을 갖추기 위해서는 다양성과 포용성은 선언만으로는 부족하며, 일상적인 리더십 실천과 제도 설계에까지 깊이 뿌리내릴 수 있도록 해야 한다. 그래야만 비로소 안정화된 조직문화로 자리 잡으며 리더가 ESG 경영에 의한 DEI를 단순한 '의무'가 아닌, 조직 경쟁력을 만드는 전략적 가치로 인식하고, 이후 모든 의사결정과 운영의 핵심 축으로 반영할 것이기 때문이다. 그때가 오면 ESG는 비로소 보고서상의 지표를 넘어, 조직의 지속 가능한 혁신과 인재 경쟁력을 이끄는 '실질적 원동력'으로 작동하게 될 것이다.

ESG 경영이 투자자와 금융시장에서는 왜 전략적으로 중요한가?

> "이제 투자자의 질문은 바뀌었다. '얼마나 벌었는가'가 아니라 '어떻게 벌었는가'를 묻는다."

최근 글로벌 금융시장은 기업의 재무제표 너머에 있는 지속 가능성과 책임 경영 수준을 더 주목하고 있다. 주요 신용평가사들은 ESG 성과를 기업의 신용도 평가에 반영하기 시작했고, 기업이 ESG 경영 구축에 소홀할 경우 기업가치 평가에 부정적인 영향을 받아 금융비용이 증가할 것이라고 분석했다. 〈ESG and financial performance: Aggregated evidence from more than 2,000 empirical studies〉를 참조하면, ESG 기준의 투자가 63%는 긍정적인 영향을 미쳤다. 즉, ESG에 투자하는 것이 주가 관리와 투자 수익률에 유리하다는 것이다.[109] 이러한 변화는 ESG 투자 접근성이 높아지고 평가 방식이 고도화되면서 더욱 가속화되고 있다. 정보 공개와 국제 기준의 확산으로 투자자들은 ESG 요소를 의사결정에 적극 반영하고 있으며, ESG 투자와 기업 재무성과 간의 긍정적 상관관계도 다양한 연구를 통해 확인되고 있다.[110]

투자의 심장은 이제 ESG로 뛴다

〈기업들은 왜 ESG 경영에 주목하는가〉라는 칼럼을 참고하면, 기업들은 이해관계자의 기대 충족, 리스크 관리, 투자자 요구 대응, 규정 준수 및 평판 관리까지 다양한 이유로 ESG 경영을 전략적으로 강화해 나가고 있음을 알 수 있다. ESG 실천은 단기적 비용이 아니라 장기 경쟁력 확보를 위한 필수 투자로 인식되고 있으며, 환경사회적 가치와 함께 경제적 성과로 연결되는 구조가 자리 잡고 있다.[111]

투자자들은 이제 ESG 성과를 장기 수익 창출 능력과 리스크 관리 역량을 평가하는 중요한 기준으로 삼고 있다. SASB(Sustainability Accounting Standards Board), TCFD(Task Force on Climate-related Financial Disclosures, 기후관련 재무정보공개 태스크포스) 등의 국제 기준에 따라 비재무 정보를 요구하며, 기업들은 이를 체계적으로 준비하고 공개해야 한다. ESG는 단순한 효율성 제고 차원이 아니라 이사회와 최고경영진 주도로 추진되는 장기 경영전략의 한 축으로 자리매김하고 있다.[112] 코로나19 팬데믹 이후 사회적 양극화와 기후위기 문제가 심화되며 주주 자본주의의 한계가 명확히 드러났다. 이제 ESG는 재무적 가치와 사회적 가치를 동시에 추구하는 이해관계자 중심의 자본주의 전환을 이끄는 핵심 도구로 자리 잡고 있다. 금융기관 역시 ESG 투자 확대와 평가공시 강화, 정책적 지원 및 인센티브 제공을 통해 ESG 경영 확산을 주도하고 있다.[113] ESG는 업종을 가리지 않고 투자자와 소비자 의사결정에 직접적인 영향을 미치고 있다. 예컨대, 호텔 산업에서도 ESG 경영에 대한 고객 인식이 소비가치와 방문 의도에 결정적 영향을 미친다는 연구 결과가 나왔다. ESG 활동이 우수한 브랜드는 고객 충성도를 높이고, 이는 매출과 장기 성장으로 이어진다.[114]

    ESG는 이미 금융시장에서 기업의 전략적 신뢰 자산으로 자리 잡았다. 투자자들은 ESG 성과를 통해 지속 가능한 성장 가능성과 해당 기업의 리스크 대응 역량을 판단한다. 자본의 흐름 역시 갈수록 ESG 우수 기업으로 명확히 쏠리고 있다. 이는 ESG가 이미 미래 경쟁력을 구축하는 핵심 요소로 자리 잡았다는 방증이다.

결국, ESG 경영이 금융 시장과 투자자들 사이에서 전략적일 수밖에 없는 이유를 꼽자면 '지속 가능성'과 '신뢰'에 있다. 투자자들은 더 이상 과거 실적이나 단기 성과에만 의존하지 않는다. '기업이 얼마나 책임 있게 미래를 준비하고, 얼마나 정직하고 투명하게 ESG가치를 실천하고 있는지'를 통해 경쟁력을 평가한다. 그러니 향후 ESG 성과를 전략 전반에 통합하고, 이를 일관되게 주도하는 기업만이 지속 가능한 자본을 끌어들일 수 있고, 금융시장에서 신뢰받는 경쟁자로 자리 잡을 수 있을 것이다.

앞으로 ESG 경영은 어떻게 진화하고, AI·디지털은 어떤 역할을 하게 될 것인가?

"ESG와 디지털이 기업의 운명을 결정한다."

디지털 기술 없이는 ESG 목표 달성도 불가능한 시대가 열렸다. 금융권은 ESG 금융 체계를 구축해 투자 흐름의 방향을 바꾸고 있으며, 제조업은 AI와 데이터 협력 모델을 통해 ESG 목표 달성을 가속화하고 있다. 전력 인프라 구축에서도 데이터 기반 의사결정은 지속 가능성을 높이는 데 중요한 역할을 하고 있다. 기업들은 이제 ESG와 디지털 전환을 상호 보완적 전략으로 이해하고 있으며, 이를 통해 지속 가능성과 효율성을 동시에 달성하고자 한다.[115] 이러한 변화는 각 산업 현장에서도 뚜렷하게 나타나고 있다. 일동제약은 지속가능경영보고서를 통해

ESG 경영체계와 성과를 투명하게 공개하고 있으며, AI 기술은 물류 산업에서 ESG 목표 달성을 지원하는 핵심 수단으로 활용되고 있다. 정부의 ESG 법제화 논의가 본격화되면서 기업들은 ESG 정보 공시를 의무화하는 흐름에 대응하고 있으며, 중소기업들도 ESG 경영과 디지털 혁신을 결합해 신뢰할 수 있는 정보 제공과 투명성 강화를 실현하고 있다.[116]

디지털이 ESG의 게임의 룰을 바꾼다

기업 간 협력과 생태계적 접근도 활발해지고 있다. 그린소프트웨어 재단의 사례처럼 디지털 기술을 활용한 ESG 목표 달성은 이제 단일 기업의 노력을 넘어, 혁신적 비즈니스 모델과 지속 가능한 가치 창출로 확장되고 있다.[117] 코로나 19 팬데믹 이후 ESG 경영은 기업 생존과 성장의 필수 전략으로 부상했다. 이에 기업들은 경영 체계를 ESG 중심으로 재설계하며, 규제, 금융, M&A, 기술, 기업 보고 등 5대 핵심 전략 영역에서 대응력을 높이고 있다. ESG 실천 기업들은 기업가치 제고, 고객 수요 증가, 자본조달 비용 절감 등 실질적인 효과를 거두고 있으며, 이는 ESG가 단순한 의무가 아닌 경영 경쟁력의 근간으로 작동하고 있음을 보여준다.[118] 기업들은 ESG 비전 수립, 이해관계자 커뮤니케이션 강화, ESG

경영 체계 구축을 통해 재무와 비재무 성과를 통합적으로 관리하고 있다. 이는 투자 유치, 자본조달 비용 절감, 기업 이미지 개선 등 명확한 경영적 성과로 연결되고 있으며, 특히 AI 기반 ESG 데이터 분석과 투명한 정보 공시는 ESG 성과를 시장과 적극적으로 소통하는 핵심 수단이 되고 있다.[119] 기업이 ESG 경영전략을 수립할 때는 내외부 환경분석을 바탕으로 전략적 방향성을 도출하고, ESG 가치를 비즈니스 전략에 깊이 통합하는 과정이 필수적이다. 기업의 ESG 주요 이슈를 고려해 ESG 성과 관리지표(KPI)를 설정하고, ESG 책임과 성과에 대한 중장기 경영계획을 수립함으로써, ESG는 기업의 운영 전반에 내재화된다.[120] 이러한 프로세스는 AI와 디지털 기술의 지원 아래 더욱 정교하게 구현되고 있으며, ESG와 디지털의 융합은 기업 경영의 새로운 기준으로 자리매김하고 있다.

앞으로 ESG 경영은 단순한 평판 관리나 의무적 대응의 차원을 넘어, 기술과 결합된 전략적 가치 창출의 중심축으로 진화하게 될 것이다. AI, 빅데이터, 클라우드 기술은 ESG 목표 달성의 가속기를 제공하고 있으며, 이러한 기술적 진보가 없다면 ESG는 선언적 목표에 그치기 쉽다. 진정한 ESG 경영을 실천하려면 디지털 역량과 ESG 철학이 유기적으로 통합되어야 하며, 이를 리더십이 기업 전략의 중심 가치로 주도하는 것이 필수적이다.

미래에는 ESG와 디지털 혁신을 조직의 DNA에 얼마나 깊게 내재화했는지가 기업 생존과 성장의 결정적 기준이 될 것이다. "ESG와 디지털 혁신의 흐름을 주도하지 못하는 리더십은 미래 생존조차 장담할 수 없다."

서번트 리더십은 ESG 경영을 어떻게 더 사람 중심으로 실천하게 돕는가?

"진정한 ESG 경영은 리더가 권력을 나누고, 사람을 중심에 둘 때 비로소 완성된다."

일반적으로 기업의 임직원을 상대로 하는 교육에서 가장 많이 다루는 주제가 바로 리더십이다. 하지만 대부분의 리더십 교육은 단순히 구성원들을 규합해 목표 달성과 효율적인 과정에 몰입되도록 하는 카리스마, 지위로부터 파생되는 권력을 어떻게 이용할 것인가 등에 관해 다루는 경우가 많다. 하지만 이는 시대착오적인 교육이라 할 수 있다. 최근에는 구성원들을 서포트하는 존재로서 지원과 협조의 가치를 어떻게 실현해 나갈 것인가를 더 많이 논의하는 게 트렌드에 맞다. 예를 들어, ESG 경영의 본질은 친환경성, 사회적 책임, 투명한 지배구조를 기반으로 지속 가능한 성장과 사회적 가치 실현을 추구하는 데 있다. 그리고 이를 뒷받침하는 리더십으로서 서번트 리더십의 중요성이 부각되고 있다.[121]

서번트 리더십은 전통적인 권위를 내세우며 지시하는 리더의 정반대에 서 있는 개념이다. 구성원들의 성장을 지원하고 조직 전체의 발전을 위해 가장 낮은 자리에 있는 사람처럼 리더가 직원들과 함께하는 것이다. 이런 리더십 철학은 ESG 경영 철학과도 일맥상통하는데, 리더가 진심으로 구성원들을 존중하고 돕고자 할 때 구성원들 역시 리더의 의중을 이해하고 존중하며 우리가 함께 목표를 향해 달려간다는 동료 의식을 더 깊이 느낄 수 있다. 그렇게 서번트 리더십은 조직 내 모든 경계와 상하관계를 타파하고 오로지 신뢰와 존중에 기반한 조직문화를 만들어내는 것이다.

국내에서도 서번트 ESG 경영은 세미나와 다양한 실천 사례를 통해 가속화되고 있다. 바른교육은 충남 공주시와 전북 완주군에서 'ESG전문가과정 ESG 정책세미나'를 개최한 적이 있다. 이 세미나는 ESG 최신 동향을 공유하고, 지속 가능한 경영 전략을 모색하는 자리였다. 특히, 박주봉 인천상공회의소 회장은 '중소기업도 ESG를 해야 하는 이유'라는 주제로 토론을 이끌

면서, 서번트 리더십의 본보기를 보여줬다.[122]

이 기사를 통해 ESG 실천 과정에서 서번트 리더십이 핵심적 역할을 하고 있다는 점을 확인할 수 있다. 리더가 일방적으로 ESG 목표를 지시하는 것이 아니라, 구성원들의 의견을 경청하고 협력적인 조직 문화를 조성함으로써, 구성원들이 자율적으로 ESG 가치 실천에 참여하도록 이끌고 있다.

유한양행의 사례도 이를 잘 보여준다. 유한양행 조욱제 사장은 윤리경영과 가족친화적 기업문화를 강화하면서 ESG 전략을 전사적으로 확산시키고 있다. 서번트 리더십을 기반으로 구성원들의 의견을 존중하고 그들의 성장을 지원하는 기업문화가 형성되면서, 구성원들은 자율성과 책임감을 바탕으로 ESG 목표를 실천하고 있다.[123] 이러한 문화는 단기 성과에만 급급한 ESG 전략과는 달리, 지속 가능한 ESG 내재화를 가능하게 한다.

스타트업 분야에서도 서번트형 ESG 경영의 사례를 확인할 수 있다. 우아한형제들(배달의 민족)은 2010년에 설립된 국내 1위 음식 배달 서비스 애플리케이션 운영 기업이다. 우아한형제들 창업자 김봉진 CEO는 구성원 중심의 리더십을 통해 기술 혁신과 ESG 철학을 자연스럽게 융합하고 있다. 즉, 구성원의 목소리에 귀를 기울였고, 구성원들의 버킷리스트를 실현하는 프로그램과 한 달 유급 휴가제도 등을 지원하여 서번트 리더십을 실천해왔다. 또한 C레벨 임원이 직접 직원과 소통해, 주도성과 자율성을 존중하는 문화를 형성했다. 특히, '배민 그린' 캠페인으로 분리수거와 일회용품 줄이기 등 지속 가능한 활동을 전개하며, 10억 원 이상을 기부하는 등 ESG 경영에도 실천하고 있다. 또한 기업 문화 측면에서도 팀 평가제도와 4.5일제 근무제를 도입해 배려와 협력을 강조하는 정책을 실행 중이다. 이를 통해 구성원의 자율성과 창의성을 적극 존중하며, ESG 목표 달성 과정에서도 구성원들의 자발적 참여와 혁신을 유도하고 있다.[124] 이는 빠르게 변화하는 스타트업 환경에서도 ESG 가치가 조직 DNA로 자리 잡게 만드는 중요한 요소다.

무엇보다 중요한 것은, 기업의 ESG 활동이 구성원들의 태도와 행동에 실질적인 영향을 미친다는 점이다. 〈ESG 활동이 종업원의 행동에 미치는 영향 : 조직신뢰와 조직동일시를 통하여〉에 따르면, 종업원들의 ESG 활동 인식이 높아질수록 조직신뢰와 조직동일시의 수준이 상승하며, 이는 혁신행동과 조직시민행동으로 이어진다. 특히, ESG를 적극적으로 실천하는 기업일수록 조직구성원의 몰입도와 자율적 행동 수준이 높아지며, 이는 궁극적으로 조직의 혁신과 지속 가능성을 강화하는 중요한 요인임을 확인할 수 있다.[125]

◎ 사람을 존중하는 리더십, ESG 실천의 심장이다

진정한 ESG 경영은 '사람 중심'의 리더십이 뒷받침되어야 비로소 완성될 수 있다. 그중에서도 서번트 리더십은 ESG 경영이 단순한 전략이나 수치상의 성과를 넘어, 조직 구성원 모두가 스스로 공감하고 실천하는 문화로 정착되기 위한 핵심 요소이다. 구성원들이 ESG를 통해 기업의 가치를 높일 뿐만 아니라, 그 과정에서 조직의 미래와 자신의 성장이 함께 만들어진다는 확신을 가질 때, ESG 경영은 비로소 '진정한 힘'을 발휘하게 된다. ESG를 조직에 깊이 내재화하고자 하는 기업이라면, 먼저 리더가 스스로 서번트형 리더십을 실천하는 것이 중요하다. 구성원을 존중하고 지원하는 리더의 태도는 협력과 신뢰의 조직문화를 형성하고, ESG가치를 행동과 일상의 문화로 연결시키는 핵심 기반이 될 것이다.

기업이 ESG 경영을 성공적으로 실천하려면

전략 수립 단계부터 명확한 방향성과 실행력을 갖춰야 한다.

5장

ESG 경영 리더십을 실행하라! ②

AI는 ESG 경영에서 기술과 지속 가능성이라는 두 축을
유연하게 연결하는 핵심 고리로 자리매김했다.

ESG 전략은 어떻게 수립하고 실행할 수 있을까?

"기업의 미래는 ESG 전략을 '어떻게' 실행하느냐에 달려 있다."

기업이 ESG 경영을 성공적으로 실천하려면 전략 설계 단계부터 명확한 방향성과 실행력을 갖춰야 한다. 선언적 비전을 세우는 데 그치지 않고, 비즈니스 프로세스 설계와 자원 배분에 체계적으로 접근해야 한다. 고객 요구와 전략을 반영한 프로세스를 전략적으로 설계하고, 인적·지식·재무 자원을 효율적으로 배분해 ESG 성과를 만들어 내야 한다. 특히 실행 현황을 지속적으로 점검할 수 있는 지표를 개발하고, 피드백 기반의 개선 체계를 구축하는 것이 필수다.[126]

업종별 특성에 맞춘 ESG 전략도 매우 중요하다. 특히 유통업계에서는 소비자가 체감할 수 있는 ESG 실천이 중요하다.

〈유통 기업의 ESG 추진 전략 : 플라스틱 및 PET 회수 캠페인을 중심으로〉는 유통 기업에서 실행되고 있는 ESG 캠페인의 기대효과와 제약사항을 분석해, 이를 바탕으로 핵심 성공요인을 제안하는 글이다. 유통 기업들은 탄소중립, 지속 가능 상품 확대, 공급망 관리, 폐기물 감축 등을 주요 과제로 추진하고 있다. 국내 유통업계는 '가플지우(가져와요 플라스틱 지켜가요 우리바다)', '원더플(음료 PET 회수 캠페인)' 같은 캠페인을 통해 환경(E)영역에서 ESG를 실천하고 있다. 그러나 비닐쇼핑백 감축 등은 환경보호라는 긍정적인 효과와 소비자 불만이라는 부정적인 반응이 상충될 수 있다.[127] 이 내용을 통해 유통 업계의 ESG 실천 사례에서 나타난 한계와 효과를 파악하고, 성공적인 캠페인 추진을 위한 전략적 인사이트를 얻을 수 있다.

❎ 실행력이 만드는 ESG 전략의 가치

ESG 경영전략 수립은 내외부 환경 분석을 통해 기업의 구체적 방향을 도출하고, ESG 가치를 통합한 비즈니스 전략목표·실행과제를 수립하는 과정이다. ESG 전사적 비전과 KPI(Key Performance Indicator, 핵심 성과 지표) 설정, ESG 실행 과제 및 계

획 수립은 필수며, 이를 위해 ESG 경영활동 전반에 대한 이해와 전략적 사고가 필요하다.[128]

ESG는 비재무적 성과를 통해 장기 기업 가치 창출과 직결되기에 재무 전략과의 연계도 반드시 고려해야 한다. 그러나 일부 산업군에서는 ESG 전략 설계가 더욱 어렵다. 〈ESG 경영으로 건설업계를 재편하는 전략과 성공 사례〉는 ESG전략 수립이 힘든 건설 업계의 현실을 진단하고, 중소 건설업체들이 직면한 과제를 분석하여 해결 방안과 주요 기업들의 실천 사례를 통하여 효과적인 ESG 경영 전략을 제안하는 글이다. 현재 한국 건설업체의 ESG 경영 실천률은 현저히 낮다. 특히 중소 건설업체는 자원 한계와 인식 부족, 대형사와의 경쟁 열위 등 구조적 문제로 ESG 경영 실천에 어려움을 겪는 중이다. 이와 같은 역량 부족으로 인해 정부와 협력을 통한 생태계 조성, 체계적 전략 수립, 맞춤형 지원 등이 시급하다. 이는 건설업뿐 아니라 다수 중견중소기업에도 공통적으로 해결해야 할 과제다. ESG 이행을 막는 한계로는 정부의 지원 부족과 실효성 있는 지표 부재, 실행 비용, 리스크에 대한 관리 역량 미흡 등이 있다.

효과적인 ESG 경영 방안으로 ▲친환경 건축 및 신재생 에너지 분야의 신시장 개척 ▲거버넌스 체계 강화 ▲정부의 제도적·재정적 지원 마련 등을 제안한다. 현대건설과 한미글로벌, 포스

코건설 사례를 통해서도 ESG 경영이 기업의 장기적인 재무 성과와 신뢰도 제고에 긍정적인 영향을 미친다는 것을 확인할 수 있다.

결과적으로, ESG 경영은 건설업계의 지속 가능한 성장을 위한 핵심 조건이며, 기업의 사회적 책임 이행과 이해관계자와의 신뢰 구축을 통하여 경쟁력을 강화할 수 있는 전략으로 제시된다.

또한 많은 국내 기업은 ESG를 단순 이미지 제고용이나 수동적 대응에 머무르고 있으며, 단기 재무성과에 치중하는 경우도 다수 나타나고 있다.[129] 앞으로는 ESG를 경영 전략의 핵심 축으로 삼고, 이해관계자와 적극적으로 소통하며 전문 인력 확보와 맞춤형 실행 방안을 수립하는 노력이 요구된다.[130]

ESG 전략 수립과 실행은 단순 선언을 넘어 경영 전반에 내재화되어야 한다. 전략은 업종 특성, 조직문화, 비즈니스 모델까지 세밀하게 반영하는 맞춤형이어야 하며, 구성원 모두가 ESG를 조직이 지속 가능한 성장을 하기 위한 핵심 동력으로 체감해야 한다. 실행 단계에서 실제 성과로 연결하는 체계적 시스템과 문화 구축이 반드시 수반돼야 한다.

ESG 전략의 진정한 성공은 리더가 일상의 경영 활동 속에 ESG 가치를 자연스럽게 녹여내고, 구성원 모두가 이를 자신의 미래로 받아들이는 문화를 조성하는 데 달려 있다. 끊임없이 개혁을 실현하며 조직문화를 혁신하는 것이 더 이상 선택의 문제가 아니라 필수적 의무가 되었다는 뜻이다. 그러니 기업은 지속 가능한 미래를 위해 끊임없이 성과를 추구하고 변화하는 시대 속에서 사회적 경쟁력을 확보해 나가야 한다. 그리고 그 모든 것을 주도해야 하는 리더의 리더십은 어느 때보다 중요해졌다고 할 수 있다. 리더가 변화하는 시장 속에서 ESG의 가치를 제대로 알아채고 내재화할 수 있을 때 그 조직은 불확실성을 극복하고 지속 가능한 성장으로 나아갈 수 있을 것이다.

ESG 전담 조직은 어떻게 설계하고 운영해야 효과적일까?

"ESG 성공의 결정적 열쇠는 '실행을 책임지는 중심 조직'에 달려 있다"

기업이 ESG 경영을 효과적으로 추진하려면 전담 조직과 체계적인 관리 시스템 구축이 필수적이다. ESG를 단순한 공시 의무로 접근한다면 그 전략적 효과도 제한적일 수밖에 없다. 반면, 기업이 ESG를 조직 발전의 핵심 과제로 삼고, 실행력을 확보하려면 전담 조직과 명확한 운영 체계를 먼저 구축해야 한다. 전담 조직은 단순한 지원 부서가 아니라 ESG 전략의 기획, 실행, 모니터링까지 전 과정을 주도하는 중심축 역할을 맡아야 한다. 이를 위해 기업들은 ESG 위원회, ESG 전담 부서 설립, 데이

터 관리 체계 구축, 내부 ESG 문화 정착 등 다층적 접근을 통해 실행 기반을 강화하고 있다.[131]

최근 사례들은 이러한 변화 흐름을 잘 보여준다. NH투자증권은 ESG 전담부서를 신설하고 ESG 위원회를 발족하여 ESG 경영체계를 고도화하고 있다. ESG 채권 발행, 녹색 사업 투자, ESG 금융상품 개발 등 다양한 사업을 전개하며 전담 조직이 ESG 전략 실행의 중심 플랫폼으로 자리 잡았다.[132]

안랩은 CFO(최고재무책임자) 산하에 '지속 가능 경영팀'을 신설해 ESG 전반을 유관 부서와 협업하는 체계를 구축했다. 이 팀은 ESG 조사·분석·기획·실행까지 전방위적 활동을 주도하며, 환경 교육, 인권, 반부패 교육 등 ESG 문화를 조직 전반에 자연스럽게 내재화하고 있다.[133]

KG모빌리언스는 CEO 직속 ESG 경영추진본부를 신설하고 ESG 경영 본격화에 나섰다. 친환경 경영, 사회적 책임 강화, 투명하고 청렴한 조직문화 확립을 목표로 설정하고 있으며, 사회 환원 활동과 금융 취약 계층 대상 서비스 제공 등 사회적 가치 창출 활동도 적극적으로 추진하고 있다.[134]

공공기관도 ESG 전담 조직 구축에 박차를 가하고 있다. 해양수산과학기술진흥원(KIMST)은 ESG 전담 조직을 구성해 직원 참여형 조직인 ESG 경영 혁신 보드를 확대 운영한다. 특히, KIMST는 사회적 책임 경영 수준을 진단하는 국제 표준 'ISO26000' 검증 최고 수준 달성, 공공기관 평가 최우수 등급 획득 등 ESG 성과를 통해 실행력을 입증하고 있으며, 이는 공공기관에서도 ESG 전담 조직이 실질적 변화를 주도할 수 있음을 보여준다.[135]

⚔ 실행이 멈추면, 미래도 멈춘다

하지만 현재 수많은 국내 기업들은 아직까지도 전담 조직 운영 수준에 여러 한계를 드러내고 있다. ESG 전담 조직이 구성되어 있지만 형식적인 수준에 그쳐 실질적인 권한과 예산, 인력 자원이 부족하다 보니 전략적 실행력이 떨어지는 경우도 많다. 특히 중견중소기업의 경우 ESG 담당자가 다른 업무를 겸임하거나 ESG 전략 수립에 필요한 교육과 역량 개발 기회가 제한적인 경우가 많다. 그렇다보니 본래 계획에 비해 실행되는 부분이 현격히 축소되곤 한다. 이런 문제는 ESG 전담 조직이 왜 핵심 전략 조직으로서 확실한 자리를 확보하고 최고 경영진의 지속적인 지원과 관심을 통해 실질적 역할과 권한을 보장받아야만 하는지 알 수 있는 부분이다.

ESG 전담 조직 설계와 운영의 성공 여부는 구성원과 리더의 인식 변화에서 비롯된다고 생각한다. ESG 가치가 전략과 조직 문화 속에 깊이 내재화되어야만 전담 조직이 실행력을 발휘할 수 있다. 이를 위해 명확한 권한과 책임 부여, 리더십의 전폭적인 지원이 필수적이며, ESG 전담 조직은 단순한 정보 보고를 넘어 전략 수립과 실행, 성과 개선, 이해관계자 신뢰 구축까지 주도하는 중심 조직으로 자리매김해야 한다. ESG 전담 조직이 전략과 실행력을 얼마나 유기적으로 연결하느냐에 따라 ESG 경영의 성과와 조직의 미래 경쟁력은 크게 좌우될 것이다. 그 과정에서 전담 조직이 ESG 경영 혁신의 촉매 역할을 해내고, 구성원들이 ESG 가치를 자연스럽게 이해하고 실천할 수 있도록 지원하는 조직 문화 조성 역시 매우 중요하다.

AI와 혁신 기술은 탄소 배출을 줄이는 데 어떤 기여를 할 수 있을까?

"탄소중립은 이제 '선언'이 아닌, '행동'으로 판가름 나는 시대다"

탄소중립은 단순한 선언을 넘어, 실제 실행 단계로 접어들었다. 이 과정에서 AI(인공지능)는 탄소배출 저감과 지속 가능성 강화의 핵심 혁신 도구로 자리매김하고 있다.[136] 대표적 사례로, AI 기반 에너지 최적화 기술이 데이터센터의 전력 사용 효율을 획기적으로 개선하고 있다. 이를 통해 서버 운영 효율은 높아지고 불필요한 전력 낭비가 줄어들고 있다. 전 세계 정부와 글로벌 기업들은 AI를 활용해 데이터센터 내 재생에너지 사용 비율을 확대하며, 지속 가능성 향상에 집중하고 있다. 기업 차원에

서는 AI 기술을 ESG 전략에 적극 통합해 구체적 성과를 창출하고 있다.[137]

브라이트라인 이니셔티브와 PMI가 발표한 공동 보고서에 따르면, AI를 지속 가능성 전략에 통합한 기업들이 운영성과 환경성과 모두에서 경쟁사보다 뚜렷한 성과를 나타냈다고 분석하였다. AI 기반 ESG 전략을 도입한 기업들은 평균 26%의 탄소배출 감소 효과를 기록한 반면, 그렇지 않은 기업들은 3%에 그쳤다. 특히 AI와 ESG 목표를 유기적으로 연계한 '리더형' 기업들은 '팔로워(Followers)'나 '후발주자(Laggards)'에 비해 지속 가능성 프로젝트 성공률이 일반 기업 대비 3배 이상 높았다.[138]

AI의 활용 범위는 산업 현장과 도시 인프라를 넘어 자연재해 대응과 사회적 가치 창출까지 확대되고 있다. 산불 진화, 교통·물류 최적화, 친환경 연료 개발 등 다양한 분야에서 AI는 기후변화 대응의 중추적 역할을 수행하고 있다. 방대한 데이터를 분석해 탄소배출량을 측정하고 분석해, 효율적인 감축 방안을 설계하며, 에너지 효율을 극대화하는 알고리즘(문제 해결 절차)을 개발하는 데 적극 활용되고 있다.[139]

글로벌 무대에서도 AI의 가치는 높게 평가받고 있다. EU(유럽연합)는 구글 연구 결과를 인용해 AI가 2030년까지 전 세계 온실가스 배출량의 5~10% 감축을 견인하며, 이로 인해 EU 경제에 최대 1.2조 유로의 경제적 가치를 창출할 것으로 전망한다. 이는 AI가 기술 혁신과 경제 성과를 동시에 달성하는 전략적 자산임을 의미한다.[140] 하지만 AI 기술 자체가 소비하는 에너지와 탄소배출이라는 역설적 문제도 여전히 존재한다. 많은 기업이 AI 활용을 통한 탄소 배출 감소와 재정적 이익에 집중하는 가운데, AI의 친환경적 개발과 운영 역시 ESG 경영의 핵심 과제로 자리 잡았다.[141]

❎ AI, 탄소중립 실행의 혁신적 동반자

AI는 ESG 경영에서 기술과 지속 가능성이라는 두 축을 유연하게 연결하는 핵심 고리로 자리매김했다. 탄소배출량 측정과 감축, 에너지 효율화 등 AI가 제공하는 가치는 점차 확대되고 있다.[142] 물론 기술적 한계와 부작용에 대한 고민도 병행되어야 한다.

향후 AI는 ESG 경영의 혁신적 동반자 중 하나로 자리매김할 것이다.

첫째, ESG의 중요한 한 축인 환경보호적인 측면에서 탄소배출 감축에 실질적, 다층적 기여도가 예상된다.

둘째, 단순히 에너지 효율을 개선하는 것을 넘어 기업의 의사 결정과 실행 계획 수립 전반에 깊이 관여하게 될 것이다. 정밀한 데이터 기반 분석에 AI가 활용되고 고도화된 예측 모델을 통해 탄소배출 현황을 더 정확히 진단하는 데도 활용될 것이며 그 정확한 진단을 기반으로 감축 가능 영역과 우선 순위를 더 명확히 제시할 수 있도록 돕는 것이다.

셋째, 갈수록 복잡해지는 글로벌 공급망 내에서 투명성을 더하고 지속 가능성을 강화하는 데 중요한 역할을 하게 될 것이다. 대표적으로 AI 기반의 ESG 데이터 플랫폼과 리스크 관리 솔루션은 탄소배출을 체계적으로 관리할 수만 있다면 감축 기회를 발굴하는 데 큰 도움을 받을 수 있을 것이다. 여기서 한발 더 나아간다면 AI를 이용해 산업 간 경계를 넘어 완전히 새로운 탄소 감축 솔루션을 창출해내는 것도 불가능하지 않다. 대표적으로 AI에 기반을 둔 친환경 연료 개발이나 스마트 그리드(지능형 전력망) 최적화, 교통·물류 분야 에너지 절감 등 융합형 혁신 기술이 현실화될 수 있다면 그 후부터는 기존에 개발된 감축 노력만으로는 해결하기 어려웠던 여러 가시적 성과를 기대할 수 있을 것이다. 단, 이런 AI 기술과의 접목은 어디까지나 기업의 ESG 철학과 조화를 이룰 수 있도록 진행되어야지 맹목적으로 어느 한 쪽에 치우친 채 진행될 수 없다. 결국, AI와 ESG 모두 탄소중립이라는 궁극적인 목표가 같다면 그 목표 달성을 위해 책임감 있게 활용하려는 태도가 필수적이라고 할 수 있다. 그렇게 된다면 AI는 ESG 경영에서 탄소배출 감축의 핵심 촉진자로 자리 매김에 성공하게 될 것이다. 그리고 기업들은 AI 기술을 적극적으로 활용하며 ESG의 본질적인 가치를 실현하기 위한 더 균형 잡힌 접근법을 연구해 나갈 가능성이 높다. 결국 그 모든 노력이 모여 더 혁신적인 미래, 지속 가능한 미래를 우리에게 선사하게 될 것이다.

탄소중립(Net-Zero) 목표는 어떻게 설정하고 달성할 수 있을까?

"넷 제로는 더 이상 선택이 아닌, 기업과 사회가 반드시 달성해야 할 미래 경쟁력의 핵심 지표다."

탄소중립이란 인간 활동으로 발생하는 온실가스(주로 이산화탄소 CO_2 등 기후변화를 유발하는 기체) 배출을 최대한 줄이고, 남은 배출량은 흡수하거나 제거해 실질적인 배출량을 '0'으로 만드는 것을 의미한다. '0'을 만든다는 것은 어느 한 정책을 바꾸거나 누군가가 한 선언만으로는 불가능하다. 그보다는 사회와 산업 전반에 걸쳐 장기적으로 실천할 수 있는 환경을 만들어 줄 구체적인 전략 수립과 노력이 반드시 수반되어야 한다. 넷 제로(Net Zero, 온실가스 배출량과 흡수량이 같아 실질 배출이 '0'인 상태) 달

성을 위해서는 화석연료(석탄·석유·천연가스 등) 사용을 줄이고, 태양광·풍력·수력 등 재생 가능 에너지로의 전환이 필수적이다. 이러한 변화가 중요한 이유는 2050년까지 넷 제로 달성이라는 국제적 합의가 존재하기 때문이다. 하지만 현재 많은 국가와 기업들이 목표를 선언했음에도 실제 이행 수준은 아직 미흡한 상태다.[143] 우리나라 정부 역시 2020년에 '2050 탄소중립' 목표를 수립하고, 친환경 산업 육성 및 지속 가능 성장을 위한 그린뉴딜 정책을 발표했다. 코로나19 극복을 위한 경제 회복 과정에서도 탄소중립은 미래 성장 전략의 핵심 축으로 자리매김하였다. 미국의 〈인플레이션 감축법 (Inflation Reduction Act)〉도 이러한 움직임에 큰 영향을 미치고 있다.[144] 산업별 대응도 탄소중립을 위한 전략적 노력이 가속화되고 있다. 예를 들어, 건설산업은 건설자재 생산과 건물 운영 과정에서 많은 온실가스를 배출하는데, 전 세계 건설 관련 온실가스 배출량은 약 25%, 이산화탄소 배출은 47%에 달한다. 이에 국내 건설기업들은 기업 단위 감축 전략과 건설상품의 총생애주기 배출량 감축, 시장 변화 대응 전략을 적극 추진하고 있다.[145]

    농축수산 부문 역시 구체적이고 실효성 있는 감축 방안을 마련 중이다. 우리나라는 2050 국가 탄소중립 시나리오와 함께 2030년까지 농축수산 부문 온실가스를 27.1% 감축하겠다는 국가 온실가스 감축목표(NDC)를 설정했다. 이를 위해 논물 관리, 질소비료 절감 등 저감 기술의 현장 실증 연구가 활발히 진행되고 있다.[146]

기업 차원에서는 탄소중립 전략이 ESG 경영의 핵심 축으로 자리 잡았다. 삼성바이오로직스는 탄소중립을 최우선 ESG 이슈로 삼고, '감축 → 대체 → 전환'의 단계적 전략을 통해 2050년까지 100% 탄소중립을 달성하는 것을 목표로 하고 있다. 특히 ESG 활동과 기업 재무 영향을 동시에 평가하는 '이중 중대성 평가'를 통해 전략의 일관성과 실효성을 강화하고 있다.[147]

탄소중립 성공을 위한 전략과 실행의 핵심

탄소중립이라는 목표의 설정과 추진은 이제 더 이상 인류에게 선택이 아닌 생존을 위한 필수 전략이라 할 수 있다. 따라서 우리는 몇몇 기업에 의존하거나 전가할 것이 아니라 모두가 나서서 기업과 산업 특성에 맞춘 과학 기반 목표(Science Based Targets)를 수립하고, 2030년과 2040년에 각각 달성해야 할 중간 목표를 단계적으로 명확히 세워야 한다. 또한 ESG 전략과도 일관되게 연계하고, 이중 중대성 평가를 통해 기업 전략의 핵심 축으로 자리매김할 수 있도록 해야 한다.

탄소중립 목표 달성을 위해서는 실행력을 뒷받침하는 체계적인 접근도 필수적이다. 삼성바이오로직스처럼 '감축 ⋯▸ 대체 ⋯▸ 전환'의 단계별 전략을 바탕으로 산업별 맞춤 기술 적용, 현장 실증 연구, 구성원 교육, 인식 변화가 함께 이뤄져야 한다. 특히 환경 오염과 탄소 배출에 직접 연관된 건설·농축수산업에서는 이를 예방하고 개선하기 위한 정책적 뒷받침과 정교한 기술 개발이 병행되어야만 현실적이고 지속 가능한 효과를 기대할 수 있다.

무엇보다 중요한 것은 조직 구성원과 리더십의 인식 변화다. 탄소중립은 정책과 기술만으로 이룰 수 없기에, 리더가 탄소중립을 비용이 아닌 미래 경쟁력 확보 전략으로 받아들여야 한다. 또한 구성원들이 자발적으로 참여하며, 실천할 수 있는 조직 문화를 만드는 일이 목표 달성의 출발점이다.

향후 탄소중립 목표의 실현과 설정은 사회 전반과 기업의 패러다임 전환을 이끄는 큰 동력이 될 것이다. 지속 가능한 미래는, 현재 우리가 어떤 목표를 세우고 그것을 얼마나 진정성 있게 실천하느냐에 달려있다. ESG 시대, 변화는 리더의 의지에서 시작된다.

지속 가능한 공급망은 어떻게 구축하고 관리할까?

"지속 가능한 공급망 없이는 기업의 미래가 어떻게 될까?"

과거에는 공급망 관리가 주로 비용 절감과 효율성에 초점을 맞추었다. 하지만 현재는 공급망 전반에서 사회적 책임, 환경적 책임, 윤리적 경영을 실현하는 것이 중요한 경쟁력 요소가 되었다고 생각한다. 특히 주요 선진국 전력 기업들은 이러한 변화에 맞춰 ESG 기반의 체계적인 공급망 관리를 추진하고 있다. 예를 들어, 이탈리아 전력회사 Enel, 미국 전력회사 PG&E, 독일 전력회사 E.on 등은 공급업체 전 주기적 ESG 리스크 관리(조달부터 사용 후까지 공급망 전 단계의 ESG 위험 요인 파악 및 대응), 친환경 제

도 운영(재생에너지 사용 촉진, 탄소 저감 기술 적용), 행동규범 제정 및 모니터링(협력사에 윤리 강령 준수 요구 및 정기적 점검), 성과 평가 및 인센티브·페널티 부여(지속 가능한 성과 달성 기업에는 보상, 미흡 시 불이익 제공) 등을 통해 공급망을 전략적으로 관리하고 있다.[148] 이러한 글로벌 사례를 보면 우리나라 역시 단순히 친환경 제품 사용에 그치지 않고, 전사적 차원에서 ESG 통합 공급망 전략을 더욱 고도화해야 할 시점임을 알 수 있다.

❋ 글로벌 ESG 공급망 관리 동향과 국가별 접근 방식

국가별 ESG 공급망 관리 방식은 차이를 보인다. 〈지속 가능한 공급망 관리를 위한 프랑스의 ESG 제도와 사례 연구〉에 따르면 프랑스는 강력한 법적 규제('기업 의무 실사법' 등)와 국제 표준(UNGC, OECD 가이드라인 등)에 근거해 기업에게 공급망 내 ESG 책임을 통합할 것을 요구한다. 반면 한국은 자율적 접근 중심으로 추진 중이며, 법적 규제나 글로벌 표준과의 연계성에서는 상대적으로 한계를 보인다. 앞으로는 글로벌 공급망 신뢰 확보를 위해 법적 기반과 기업 실천의 균형 잡힌 조화가 필요하다.[149]

기업들이 ESG 경영을 도입하는 과정에서 공급망 ESG 관리 체계 구축은 필수 과제다. 내부적으로 ▲ESG 관련 규정과 프로세스 수립 ▲공급망 내 ESG 관리 영역 구분(환경·노동·인권·윤리·지배구조 등 세부 영역 정의) ▲담당자 지정 ▲의사결정 체계 구축 등이 포함된다. 이후 ▲평가 지표 개발 ▲협력사 교육 및 컨설팅 지원 ▲정기 모니터링과 개선 활동을 통해 실질적 효과를 높여야 한다.[150]

글로벌 기업들의 선도 사례도 참고할 만하다. LG화학은 책임 있는 공급망 구축을 위해 국제 이니셔티브인 RMI(Responsible Minerals Initiative)에 참여하고 있으며, OECD 실사 가이드(OECD Due Diligence Guidance)를 준수한다. 자가평가(Self-Assessment), 현장점검(On-Site Audit), 협력회사 행동규범(Partner Code of Conduct) 준수 여부 평가, 고충 처리 절차 운영 등을 통해 공급망 ESG 수준을 지속적으로 향상시키고 있다.[151]

국내 식품기업 CJ제일제당도 협력사 모두의 지속 가능성 향상이 공급망 성장과 직결된다는 철학 아래 ▲협력사 행동규범 준수 ▲ESG 평가 및 개선 활동 ▲동반성장 활동을 적극 전개한다. 특히 동반성장은 ESG 중 사회(Social) 영역의 핵심 전략으로, 협력사와의 신뢰 구축과 상생에 기여한다.[152]

공급망 ESG 관리 운영 과정에서는 ▲공급업체 가시성(Visibility, 협력업체 전 단계 정보 파악 가능성) 부족 ▲지속 가능성 측정 표준화 미흡 ▲단기 이익 우선 관점 등 여러 도전 과제가 있다. 이런 문제 해결을 위해 전사적 노력과 공급망 참여자 간 긴밀한 협력이 필수적이다. 공급망 ESG 관리는 기업에 ▲비용 절감 ▲운영 효율성 향상 ▲기업 평판 개선 ▲투자자 신뢰 확보 등 다양한 긍정적 효과를 가져온다.[153]

    ESG 역량은 글로벌 시장에서 해당 기업의 경쟁력을 평가하는 핵심이다. 특히 공급망 ESG 수준이 얼마나 향상되어 있는가는 그 기업이 얼마나 안정적이고 건강하게 성장하고 있는지를 보여주는 중요한 지표라 할 수 있다. 따라서 한국 기업들 역시 전략적이고 체계적인 공급망 관리를 통해 국제 ESG 관리 체계를 구축하고 글로벌 수준에 발맞춰 나갈 수 있도록 노력해야 한다. 그러기 위해서는 먼저 법적 규제와 기업의 자율적 노력이 균형을 이룰 수 있는 지점을 찾아내고, 단기적인 시각에서 벗어나 협력사와 함께 성장할 수 있는 장기적인 계획을 세워 문화를 창조해 나가야 한다. 명심해야 할 점은 ESG가 단순히 관리의 대상이 아닌 지속 가능한 가치 창출과 성장의 새로운 축이라는 것을 인식하고 전사적 혁신을 주도해야 한다는 것이다. 이에 개인적으로도 앞으로 많은 한국 기업들이 글로벌 우수 사례를 벤치마킹하여 국내 현실에 맞는 ESG 공급망 관리 모델을 정립하고, 지속 가능한 경쟁력을 갖춘 글로벌 리더로 도약해 낼 수 있기를 바란다.

ESG 성과는 어떻게 측정하고, AI 기반으로 투명하게 보고할 수 있을까?

"ESG 성과, 과연 얼마나 투명하게 드러내고 있는가?"

ESG 성과를 어떻게 측정하고 이를 얼마나 투명하게 보고하느냐는 기업의 신뢰와 지속 가능성을 평가하는 핵심 기준으로 자리 잡고 있다. ESG 활동은 단순한 브랜드 이미지 제고를 넘어 투자자, 정부, 소비자 등 다양한 이해관계자의 평가 대상이 되며, 정확하고 투명한 ESG 데이터 보고가 기업 평가의 필수 요소로 요구된다. 이런 변화 속에서 인공지능(AI) 역시 ESG 데이터 관리와 보고 방식을 혁신적으로 바꿔 가고 있다. 대표적으로 방대한 데이터를 AI를 이용해 신속하고 정확하게 수집·분석한 후 ESG 성과 측정과 투명한 정보 공개에 활용해 내고 있다. 다만, 기술 발전과 윤리적 고려 사이의 균형이라는 새로운 과제 역시 함께 부상하고 있다.

AI 기술 발전에 따른 윤리 문제를 해결하기 위해 각국 정부와 기업들은 AI 윤리 가이드라인을 도입하는 한편, ESG 경영에 AI를 접목해 지속 가능성을 추구하고 있다. 그러나 AI 알고리즘의 신뢰성과 투명성 확보, 데이터 품질 관리 등은 여전히 해결해야 할 과제로 남아 있다. 이에 기업들은 AI 윤리 프레임워크 구축, 지속적인 모니터링과 평가, 투명성 강화를 통해 기술 개발과 ESG 경영의 조화를 이루려 노력 중이다.[154]

또한 ESG 공시 대상 확대에 따라 기업들은 ESG 보고서 작성의 중요성을 더욱 인식하게 되었다. 이에 ESG 보고 프로세스는 디지털화되고 데이터 기반 접근 방식으로 변화하며, 투명성과 신뢰성을 높이고 지속 가능성 전략을 개선하는 데 핵심 역할을 하고 있다. 통합 ESG 관리 플랫폼인 '컴플라이로(CompliLaw)'는 이러한 디지털 전환을 지원해 기업의 ESG 성과 관리와 규제 대응 역량을 강화한다.[155]

▧ AI와 ESG 융합의 도전과 과제 : 윤리적 책임과 투명성 확보

이러한 변화는 기업의 환경정책 대응 역량에도 긍정적인 영향을 미친다. ESG 투자 확산에 따라 기업의 환경 행태 변화가 환경정책 유효성에 미치는 영향이 점점 커지고 있으며, 앞으로 ESG 관련 변화 전망도 밝다. 지속 가능성 보고 의무화 확대에 따라 기업의 ESG 활동이 증가하고 있으며, 이는 비용기술 정보 공개, 환경규제 이행 수준, 자발적 환경 노력 등을 통해 환경정책 유효성을 높이는 결과로 이어질 것으로 분석된다.[156]

2025년 현재, ESG 경영은 기업 전략의 핵심 요소로 확고히 자리 잡았다. 일동제약은 지속 가능경영보고서를 통해 ESG 경영 체계와 성과를 적극 공개하고 있으며, 물류 산업에서는 AI 기술이 ESG 목표 달성의 주요 수단으로 활용되고 있다. ESG 법제화 논의가 본격화되면서 기업들은 ESG 정보 공시를 의무화하는 방향으로 대응하고, 중소기업들도 ESG 경영을 통해 비용 절감과 경쟁력 강화를 도모하고 있다. 이 흐름 속에서 디지털 혁신을 통한 신뢰성 높은 ESG 정보 제공과 투명성 강화가 기업들의 주요 과제로 부상하고 있다.[157]

하지만 기존 ESG 보고는 복잡한 데이터 수집과 통합 과정으로 많은 어려움을 겪어왔다. 이에 AI 기술 활용은 ESG 보고 프로세스 혁신의 핵심 축으로 자리 잡았다. AI를 통해 데이터 수집 자동화, 정확성 강화, 분석 및 보고 간소화가 가능해지면서, 기업은 더 신뢰할 수 있는 ESG 정보를 제공하고 지속 가능

성을 제고할 수 있다.[158]

AI와 ESG 요소의 결합은 지속 가능 경영 실현에서 점점 더 중요한 전략적 요소로 자리 잡고 있다. AI는 ESG 목표 달성에 결정적 역할을 하며, ESG 기준을 충실히 준수하는 기업은 투자자와 소비자에게 더욱 매력적인 기업으로 인식된다. 지속 가능성을 위해 AI와 ESG 융합은 필수적이며, 이를 통해 기업은 경쟁력을 높이고 장기 성장 기반을 구축한다.[159] 이처럼 AI와 ESG 경영의 융합은 단순한 데이터 관리 효율성을 위한 부분적인 결합이 아니다. 그보다 더 큰 기업 전략 수립을 통한 경쟁력 확보를 위한 대안이며, 사회적 신뢰 구축에 효과적인 방법이다. AI와 ESG 경영의 융합은 단순한 데이터 관리 효율성을 위한 부분적인 결합이 아니다. 기업 전략 차원에서 경쟁력을 높이는 동시에 사회적 신뢰를 구축할 수 있는 효과적인 대안이다. 물론 AI 같은 첨단 기술을 도입한다고 해서, 곧바로 신뢰로 이어지지는 않는다. AI 기반의 ESG 보고가 진정한 의미를 가지려면 AI 윤리 원칙을 준수하고, 데이터 품질을 철저히 관리하며, 이를 입증할 수 있는 명확한 조사와 보고 체계를 준비해야 한다.

앞으로 기업들은 AI 기반 ESG 보고 체계를 구축할 때 반드시 기술 중심 사고를 넘어 책임 중심 사고를 견지해야 한다. AI와 ESG 융합은 잠시 일어나는 기술 트렌드 현상이 아니다. 기업이 얼마나 사회적 책임을 다할 채임감을 갖고 있으며 얼마나 오래 그 책임이 지속될 것인가를 증명하는 신뢰의 언어에 가깝다고 볼 수 있다. 그렇기에 앞으로는 보여주기식, 단기적 노력으로 고객을 속이려는 의도는 전혀 통하지 않을 것이며, 반대로 투명하고 윤리적인 ESG 경영의 모범을 보이는 기업만이 시장에서 고객의 선택과 신뢰를 획득할 수 있을 것이다.

ESG 교육은 어떻게 직원들의 인식과 행동을 변화시킬까?

"ESG 교육은 조직을 바꾸고, 그 변화는 결국 우리 모두의 미래를 바꾼다."

기업들은 ESG 교육의 중요성을 점점 더 인식하고 있다. 그러나 아직까지도 많은 기업이 ESG를 사내 교육 프로그램에 국한해 사용하는 경향이 있다. 그래서 단발성 강의나 온라인 콘텐츠 수강을 통해 형식적 이수에 그치는 경우도 적지 않다. 회사 밖에서 벌어지는 거대한 시대적 흐름과 다른 기업들과의 차별화 필요성을 아직 인식하지 못한 기업도 많다. 하지만 문제는 이러한 접근법으로는 직원들의 기존 인식과 행동 변화를 구체적으로 변화시키기 어렵다는 점이다.

진정한 ESG는 그런 단발성 교육이 아닌 장기적 관점에서 구성원들의 일상 속에 살아있는 가치로서 내재화되어야 한다. 처음엔 기본적인 개념과 인식 학습부터 시작해 시간이 지날수록 내용을 심화시키며 나중에는 고차원적인 지식과 행동 방향성을 잡아줄 수 있도록 전략적으로 고도화된 계획이 필요하다. 그리하여 아주 자연스럽고 깊이 있게 조직 문화 자체에 스며들었을 때 진정한 효과가 발휘될 수 있을 것이다.

위와 같이 내부 직원들을 대상으로 심도 있는 ESG 교육을 달성했다면, 그 후 외부 이해 관계자와 소비자에게는 어떻게 자연스럽게 가치를 전달할 수 있을까? 그 질문에 대한 답은 구체적인 현장 사례를 통해 찾을 수 있다. 한 예로 홈앤쇼핑에서 다양한 생활용품과 식품을 판매하는 쇼호스트로 활동 중인 박시연 씨가 있다. 그녀는 17년 간 아나운서 및 쇼호스트 경력이 있는 베테랑 진행자여서 KBS, SBS, MBC 같은 지상파 방송에서도 활발하게 활약하기도 했다. 그녀는 어느 날 방송 현장에서 ESG 가치가 소비자의 생각과 구매 결정 과정에 어떤 변화를 가져오는지를 직접 체감한 적이 있었다. "방송 중 신동진 쌀을 판매할 때, 기존에는 종이박스에 포장해 배송했지만, 이번에는 박스 포장을 생략하고 포대 자체로 친환경 배송 방식을 도입했다. 불필요한 포장재를 줄인 작은 변화였지만, 실시간 채팅창에서는 '환경까지 생각한 방식이라 더 믿음이 간다', '과대포장이 없어 좋다'는 반응이 많았다. 또 친환경 휴지 세트를 판매할 때도 비슷한 경험을 했다. 기존에는 비닐 포장된 휴지를 다시 종이박스에 담아 발송했지만, 이번에는 비닐 포장 자체를 수납 기능으로 디자인해 박스를 생략했다. 소비자가 비닐 포장을 뜯지 않고 수납장처럼 사용할 수 있도록 한 것이다. 그때도 '불필요한 쓰레기가 줄어 좋아', '환경을 고려한 실용적 포장이라 만족스럽다'라는 반응이 이어졌다. 이 경험을 통해 ESG라는 개념을 소비자들이 어렵게 받아들이기보다, 일상 속 작은 실천으로 자연스럽게 접할 때 공감과 행동으로 이어진다는 점을 느꼈다. 앞으로도 제품 판매 시 ESG 메시지를 꾸준히 담을 예정이다."

이러한 사례를 통해 ESG 교육이 단지 사내 구성원만이 아닌 소비자 접점에서도 강력한 영향을 미칠 수 있음을 보여준다. 특히 실행 심화 단계에서는 조직 구성원, 고객, 사회 전반이 ESG 가치를 함께 공유하고 확산하는 것이 중요하다. 많은 기업이 ESG 교육을 사내 프로그램이나 전문 강의에만 집중한다. 물론 체계적인 교육 과정도 필요하다. 그러나 박시연 쇼호스트의 사례처럼, 소비자와 직접 만나는 순간순간이 가장 강력한 ESG 교육의 장이 될 수 있다. ESG는 결국 인식과 행동을 바꾸는 과정이며, 조직 내에만 머물러서는 부족하다. 우리는 ESG라는 단어조차 모르는 사람에게도 '왜 좋은지', '내 행동이 어떤 의미가 있는지를 쉽게 전달해야 한다. 생활 속 작은 변화에 대한 공감과 실천 가능한 메시지는 딱딱한 교육보다 사람들의 인식과 행동 변화를 더욱 깊게 이끈다. 방송은 일방적 전달이 아니라 소비자와 실시간 호흡하는 공간이다. 그 공간에서 ESG 메시지를 자연스럽게 풀어내는 쇼호스트 역할은 생각보다 크다. 특히 ESG가 구매 기준 중 하나로 자리 잡은 지금, 소비자 접점에서 작은 변화 이야기를 전하는 'ESG 커뮤니케이터' 역할이 점점 중요해지고 있다. 이는 단순한 마케팅을 넘어, 조직 구성원이 ESG 가치를 체화하고 실천하는 과정과도 긴밀히 연결된다.

▨ ESG 교육의 성공 열쇠, 반드시 챙겨야 할 3대 전략

앞으로 ESG 교육을 설계할 때 반드시 고려해야 할 세 가지 축이 있다.

첫째, 사내 교육은 ESG 개념만을 설명하는데 그치지 않고, 구체적이고 실천 가능한 방법을 제시해야 한다. 교육 수료가 목적이 아니라 구성원들의 ESG 관점에서 의사결정을 내리고, 일상 업무에서 ESG가치를 반영하도록 지속적인 피드백과 학습이 이뤄져야 한다.

둘째, 외부와 맞닿는 접점에서 실질적인 경험 전달이 매우 중요하다. 쇼호스트, 영업직, 브랜드 커뮤니케이터 등 소비자와 직접 소통하는 직무에 종사하는 이들에게는 ESG 메시지를 자연스럽고, 진정성 있게 녹여낸 커뮤니케이션이 필요하다. 이는 단순한 홍보를 넘어서, 기업이 추구하는 ESG 가치를 고객에게 신뢰감 있게 전달하는 전략적인 활동이 될 수 있다.

셋째, 직원들의 일상생활 속에서 ESG를 실천할 수 있는 환경을 조성해야 한다. 예를 들어, 공감형 콘텐츠 만들기나 사내 ESG 챌린지, 생활 밀착형 캠페인 등 다양한 프로그램을 적극 활용하는 것도 좋은 방법이다. 이처럼 작은 실천이 쌓이면, 조직의 ESG 문화가 진정성 있는 방향으로 확산된다. 결국, 성공적인 ESG 교육이란 직원들의 사고방식과 행동에 긍정적인 변화로 이끌어내고, 그 변화가 조직 전체의 문화로 내재화되는 과정을 의미한다. 좋은 ESG 교육은 '배우는 것'을 넘어 '행동하는 문화'를 만드는 일이다. ESG가 조직 정체성과 연결되고, 구성원들의 자발적인 실천으로 이어질 때, 그 조직은 ESG 시대를 이끄는 진정한 리더가 될 수 있다.

ESG 경영은 기업 성과에 어떤 긍정적인 영향을 줄 수 있을까?

"ESG 경영은 기업 성장의 '필수 연료'가 되었다"

ESG 경영은 환경 보호, 사회적 책임 강화, 투명한 지배구조 확립을 목표로 하며, 모든 규모의 기업에 브랜드 가치 제고, 비용 절감, 우수 인재 유치 등 다양한 실질적 혜택을 제공한다. 특히 중소기업은 ESG 경영 도입에 필요한 구체적인 방법과 실무 경험이 부족한 경우가 많아, 전문가의 도움을 받아 기업에 적합한 맞춤형 ESG 경영 체계를 구축하는 것이 필요하다. ESG 경영은 기업의 필수적인 경영 전략으로 자리 잡았기에 브랜드 이미지 개선, 지속 가능한 발전 실현, 우수 인재 유치가 기업의 미래 경쟁력 확보에 큰 도움이 된다.[160] 기업에서 ESG는 지속 가능성과 장기적 성공을 위해 반드시 고려해야 할 핵심 요소다. 이를 효과적으로 실행하면 비용 절감, 리스크 관리, 기업 평판 향상, 재무 성과 개선 등 다양한 이점을 얻을 수 있다. 따라서 기업들은 ESG 전략을 사업 전략에 통합하고, ESG 성과를 투명하게 공개하며, 지속 가능한 비즈니스 모델을 구축하는 데 집중해야 한다.[161]

　ESG 경영이 단기적인 유행으로 사라질 시기는 이미 지나갔다. 이제 ESG는 기업 생존과 직결되는 필수적 조건이다. 따라서 기업은 경영 전략에 ESG를 자연스럽게, 필수적으로 고려해 집어넣고 그 모든 과정을 투명하게 공개해 고객의 신뢰를 장기적으로 끌어갈 수 있도록 노력해야 한다. 특히 재무 성과의 경우 한 발짝 더 ESG와 맞물려 있는 만큼 기업의 미래를 위한 필수 과정이라는 생각으로 바라보아야 할 것이다. 또한, ESG는 기업의 경쟁우위와 직원 몰입 증진에 중요한 역할을 한다. 높은 ESG 수준을 보이는 기업은 직원 만족도가 높고, 젊은 인재들에게 더 매력적이다. 환경과 사회 문제에 관심이 강한 MZ세대는 가치 있는 일을 추구하며, ESG 경영을 중요하게 여긴다. 이에 따라 기업들은 ESG를 인재유지와 확보 전략에 적극 활용해야 한다.[162]

　최근 MZ세대는 단순한 연봉 조건보다 '가치 있는 일'을 우선시하는 경향이 강하다. 이 때문에 ESG 경영에 진심으로 임하는 기업은 젊은 세대의 긍정적 평가를 받으며, 내부 직원의 몰입도와 조직 충성도도 높아지는 효과를 기대할 수 있다. 2022년 채용 트렌드 조사에 따르면 직무 중심 채용, 면접관 역량 강화, 디지털 인재 확보 경쟁과 함께 ESG 경영의 중요성이 크게 부상하고 있다. ESG 경영은 MZ세대의 가치 소비 경향과 맞닿아 있으며, 풀무원, 카카오, LG 등 여러 기업이 이를 채용 과정에 적극 반영하고 있다.[163]

실제 현장에서도 MZ세대는 회사가 사회적 가치를 실현하고 환경 문제에 관심을 기울이는지를 중요한 채용 기준으로 삼는다. 따라서 기업은 ESG 요소 실천을 적극 어필하지 않으면 경쟁에서 뒤처질 수 없다. 경영 차원을 넘어 인재 채용 브랜딩 전략에 ESG를 적극 반영하는 것은 필수가 됐다.

특히, 기업들은 전통적 경영 방식을 넘어 ESG 측면에서 책임 있는 경영을 요구받고 있다. ESG 경영은 기업 가치 향상과 밀접히 연계되며, 투자자, 고객, 임직원 등의 요구를 반영한다. 디지털 기술까지 순환경제와 결합되면서 ESG 경영은 새로운 비즈니스 기회를 창출하고 있다.[164] 디지털 기술과 융합한 ESG는 그 자체로 새로운 비즈니스 모델을 창출해내는 동력이 될 수 있다. 그러므로 우리는 그 동력을 얻어내기 위해 책임감을 갖고

ESG를 기반으로 한 더 다양하고 계획적인 전략을 통해 장기적인 지속 가능성과 신뢰를 획득할 수 있도록 노력해야 할 것이다.

◙ ESG 경영, 새로운 비즈니스 패러다임의 씨앗

ESG 경영에 대한 관심이 점점 높아지면서 관련 전문 인력 수요도 급증하고 있다. 그러나 많은 기업이 전문 인력 확보에 어려움을 겪고 있으며, 정부와 기업 차원에서 ESG 인재 양성을 위한 체계적이고 적극적인 노력이 절실하다. 특히 MZ세대를 중심으로 ESG를 중요시하는 소비 및 취업 트렌드가 확산되면서, ESG 인재 확보는 기업 경쟁력 강화의 핵심 요소로 부상하고 있다.[165]

이에 정부와 기업은 ESG 전문가를 양성하기 위한 구체적인 전략을 세우고, 실행에 옮기기 위한 컨설팅 및 리더를 육성하고 전폭적인 지원을 추진해야 할 것이다. ESG는 결국 '사람'이 중심이 되는 경영이며 그 가치를 실현할 수 있는 인재 양성은 기업과 사회가 함께 해결해야 할 가장 시급하고 중요한 과제이기 때문이다.

"ESG 경영은 기업 성장의 '필수 연료'가 되었다."

6장

ESG 경영 리더십과 서번트 리더십

ESG 경영은 조직의 지속 가능성과
사회적 책임을 함께 추구하는 핵심 경영 전략이다.

서번트 리더십이란 무엇이며, 왜 지금 더 주목받는가?

"ESG 경영은 기업 성장의 '필수 연료'가 되었다."

기업의 지속 가능성과 직결되는 핵심 주제 중 하나가 바로 리더십이다. 진짜 수준 높은 리더십은 단순히 권위를 내세우고 그 권위에 의존해 상황을 끌어오는 게 아니다. 뛰어난 능력을 보여주고 성숙한 인격에 기반한 소통을 통해 사람들이 자발적으로 따르게 만드는 것이다. 우리 사회는 과거 성과 중심의 리더십을 너무 높이 평가하여 권위적인 리더를 허용하는 분위기였다. 그러나 오늘날에는 사람과 가치를 중시하는 사회적 분위기를 반영한 기업 문화에 적합한 유연하고 사회적인 리더를 더 높이 평가해주는 분위기로 변화하고 있다.

이러한 시대적 변화 속에서 '서번트 리더십'이 더욱 주목받고 있다. 서번트 리더십은 구성원 개개인의 가치를 존중하고, 비전을 공유하며, 협력과 봉사를 통해 조직의 목표를 함께 달성하는 리더십이다. 서번트 리더는 조직 구성원이 가장 중요한 자원임을 깊이 인식하며, 그들의 복지와 성장을 위해 헌신한다. 서번트 리더십이야말로 ESG가 지향하는 장기적 가치 창출과 사회적 책임 실현으로 자연스럽게 연결되는 리더십이라 할 수 있다. 그리고 리더가 구성원을 섬기는 자세로 존중할 수 있을 때 비로소 그 조직은 건강한 성장과 지속 가능한 변화를 유도해 낼 수 있다.[166]

서번트 리더십의 조직 내 긍정적 영향과 ESG 성공의 동력

첫째, 조직 내 건설적 일탈과 혁신 촉진. 서번트 리더십은 구성원들이 기존의 틀을 깨고 창의적이며 긍정적인 변화를 시도하는 '건설적 일탈(constructive deviance)'을 적극 장려한다. 구성원들이 '내가 이 조직의 소중한 일원'이라는 긍정적 자아 인식을 가질 때, 혁신은 자연스럽게 일어난다.[167] 이는 단순한 친화력이나 감성적 리더십을 넘어, 조직 혁신의 핵심 동력이다.

둘째, 지식 공유와 자율성 강화로 과업 성과 증대. 서번트 리더십은 조직 내에서 정보와 지식을 활발히 공유하도록 유도하며, 구성원들이 자신의 역할에 대해 자율적이고 주체적인 태도를 갖도록 심리적 임파워먼트를 높인다. 이러한 환경은 업무 효율성과 성과 향상으로 이어진다.[168] 급변하는 시대에 ESG 경영은 가장 빠른 의사 결정과 협력적인 조직 문화를 기반으로 경쟁력을 확보할 수 있는 최선의 대안이 될 것이다.

셋째, 심리적 의미성, 직무 만족도, 웰빙 증진. 서번트 리더십은 직원들이 자신의 일이 의미 있고 가치 있다고 느끼게 하며, 직무 만족과 심리적 웰빙(정서적 안정과 삶의 질 향상)을 높인다.[169] 자기 업무에서 분명한 소명의식을 찾은 직원은 그 업무에 몰입할 수밖에 없고 더 나은 결과물을 도출해 낼 수 있다. 그것은 곧 조직의 지속 가능한 성장과도 직결되기 때문에 ESG를 잘 실천하는 조직일수록 건강한 심리적 경쟁심을 가진 구성원들로 채워지게 되는 것이다.

ESG 시대, 미래 리더의 자세

ESG 시대의 이상적인 리더가 되려면 단지 실력을 키워 실적을 내는 데만 집중해서는 안 된다. 그보다 함께 일하는 사람, 내가 만날 고객과 보이지 않는 곳에서 이뤄지는 나를 평가하는 이들까지 모든 사람 중심의 가치를 존중하고 사회적 책임감을 갖고 일하는 자세가 필요하다. 그런 면에서 서번트 리더십은 조직을 구성하는 모든 사람들의 입장과 감정을 고르게 고려하고 그들을 위한 복지, 더 나은 조직 문화를 만드는 데 노력하는 자세가 필요한 자리라 할 수 있다. 또한 그 자체로 ESG 경영이 추구하는 조직의 분위기에도 아주 잘 부합한다. ESG 경영 역시 조직의 모든 구성원이 같은 가치를 존중하고 함께 목표를 달성하기 위해 노력하는 긍정적인 관계를 중시하기 때문이다. 그러니 서번트 리더십과 사람을 중시하는 ESG 경영의 방식이 잘 결합한다면 가장 이상적이고 강력한 힘을 가진 조직을 만들어 낼 수 있을 것이다.

리더를 위한 실천 로드맵

첫째, 직원 개개인의 목소리에 귀 기울이고, 성장을 위한 지원을 아끼지 않아야 한다. 리더는 구성원이 가진 잠재력과 역량을 파악하고, 그들의 한 단계 더 성장할 수 있도록 격려하며 실질적인 지원을 제공하여야 한다. 진심 어린 관심과 세심한 배려는 구성원의 동기 부여와 충성도를 높이는 핵심요소다.

둘째, 투명한 소통과 협력 문화를 조성해야 한다. 조직 안에서 열린 대화와 협업 분위기가 자리 잡으면, 구성원들은 더 주도적이고 창의적으로 업무에 몰입할 수 있다.

셋째, ESG 목표와 연계하여 직원의 업무에 의미와 만족도를 높여야 한다. 직원들이 자신이 맡은 업무가 조직의 ESG 목표 달성에 어떻게 기여하는지를 명확히 인식하도록 지속적으로 소통과 안내를 하는 것이 필요하다. 이러한 경험은 직원들에게 업무에 대한 보람과 자긍심을 주고, 조직 전체의 지속 가능한 문화 형성에도 큰 힘이 된다. 더 나아가 ESG 시대에 요구되는 사회적 책임과 경쟁력을 균형 있게 실천하는 토대가 될 것이다.

ESG 경영과 서번트 리더십이 만나면 생기는 시너지 효과는 무엇인가?

"왜 어떤 조직은 ESG로 성과를 내고, 어떤 조직은 어려움을 겪을까?"

ESG 경영은 단순한 일회성 캠페인이 아니라, 조직의 지속가능성과 사회적 책임을 함께 추구하는 핵심 경영 전략이다. 그러나 그 중심에는 결국 '사람'이 있다. 아무리 뛰어난 전략과 시스템이 있어도, 사람의 의지와 리더십 없이는 제대로 작동하지 않는다.

서번트 리더십과 ESG 경영의 만남은 조직의 발전에 강력한 시너지 효과를 불러 일으킬 수 있다. 서번트 리더십에는 권위가 없으며 오로지 구성원 모두의 성장을 기반으로 한 더 나은 성과 창출만이 존재한다. 또한 ESG 경영의 조직 리더 역시 모든 구성원들을 존중하고 그들과 함께 살아갈 미래에 가장 적합한 방식을 찾아내기 위해 협력한다는 가치를 지향하는 만큼 둘 사이에는 추구하는 가치의 공통분모가 아주 많다고 할 수 있다.

공기업과 준정부 기관을 포함한 총 공공기관 377곳을 대상으로 한 〈공공기관의 ESG 활동이 사회적 가치 창출에 미치는 영향 분석 : 기관장의 리더십을 중심으로〉에 따르면, 기관장의 리더십은 일자리 창출, 기회 균등, 사회 통합, 상생 협력, 윤리 경영 등 다양한 사회적 가치 실현에 긍정적인 영향을 끼쳤으며, 특히 윤리 경영과 상생 협력은 안전 및 환경 분야에서 그 효과를 더욱 강화하는 것으로 나타났다. 이 결과는 서번트 리더십이 조직 내부를 넘어 지역사회와 외부 이해관계자에게까지 긍정적인 변화를 전파할 수 있음을 보여준다.[170]

EY한영의 《ESG 경영과 HR DNA》 보고서 역시 조직문화가 ESG 성과에 미치는 막대한 영향력을 확인했다. 특히 사회(S) 영역에서 조직문화 만족도가 높을수록 ESG 등급이 향상되는 것으로 분석됐다. 구성원들이 복지, 보상, 승진 기회, 워크 라이프 밸런스(Work-Life Balance, 일과 삶의 균형)에 만족할 때 ESG 성과 역시 비약적으로 높아진다. 이는 서번트 리더십이 건강하고 지속 가능한 조직문화를 조성하는 데 매우 효과적임을 방증한다.[171] 공공기관 연구는 ESG 활동이 재무 성과, 고유 목적 성과, 혁신 성과를 긍정적으로 이끈다는 점을 밝혀냈다. 특히 기관장의 서번트형 리더십과 헌신적 인적자원관리 시스템이 이러한 효과를 배가시키는 것으로 확인됐다.[172] 즉, 서번트 리더십은 구성원의 몰입과 헌신을 이끌어내어, ESG 경영이 실질적 성과로 이어지도록 하는 핵심 동력이다. 기업의 ESG 활동은 소비자 인식과 행동에도 큰 영향을 미친다. 커피숍 사례 연구에 따르면, 환경 및 사회적 이니셔티브는 브랜드 가치와 소비자의 지불 의사를 높이는 데 결정적인 역할을 하였다. 이는 진정성 있는 ESG 실천이 외부 이해관계자에게 깊은 신뢰를 구축한다는 것을 증명한다.[173] 거의 모든 관련 연구에서 리더십과 ESG 경영의 깊은 연관성을 말하는 이유는 그만큼 둘의 성공에 사람의 자질과 관계가 미치는 영향력이 크다는 것을 의미한다. 어떤 조직이든 리더가 진심으로 구성원들에 대한 존중의식을 갖고 성장을 도우려 할 때 조직은 내적으로 튼튼하고 건강한 곳이 될 수밖에 없다. 반면, 리더가 사람을 존중하지 않고 독단적인 성향을 갖고 있을 때 조직은 그 리더에게 의존적으로 성장하며 한계를 드러낼 수밖에 없어진다. 이에 우리는 둘 간의 상관관계가 얼마나 복잡하고 또 중요한지 잊지 말고 서로 조화를 통해 가장 이상적인 관계를 도출해 낼 수 있도록 해야 한다.

그리고 특히 ESG 경영을 지향하는 입장에서는 다른 어떤 리더십보다 서번트 리더십이 가장 지속 가능한 미래를 만드는 데 적합하다. 사람을 중시하는 서번트 리더십이 조직 내부부터 깊숙이 자리 잡았을 때 기업은 진정한 ESG 가치를 실현할 수 있게 될 것이며 내부는 물론 외부 어느 곳에서 보아도 완벽하게 안정된 조직으로 인정받을 수 있을 것이다. 그리고 그런 인정이 구성원들에게 필요한 동기를 부여해준다면 더 높은 목표를 달성하며 조직의 발전에 기여할 수 있도록 해줄 것이다.

조직과 리더가 함께 성장하는 ESG 전략

1. **사람 중심 리더십을 우선해야 한다.** 리더는 권위보다 경청하는 자세와 물적 지원을 통해 구성원의 잠재력을 이끌어내는 자세를 가지는 게 바람직하다.

2. **건강한 조직문화를 조성하는 데 집중해야 한다.** 구성원의 복지 수준을 높이는 데 관심을 가짐으로써 소속감과 만족도를 높이고, 투명하고 유연한 소통을 통해 협력을 장려하는 문화를 만들어야 한다.

3. **ESG 목표와 연계해 업무에 의미를 부여해야 한다.** 직원들이 자신의 역할이 조직과 사회에 긍정적 영향을 미친다

는 자부심을 갖도록 도와야 한다.
4. **내부 변화가 외부 신뢰로 확산된다는 점을 인식해야 한다.** 진정성 있는 ESG 실천은 브랜드 가치와 고객 충성도로 이어지는 중요한 기반이 된다.
5. **끊임없는 자기 혁신과 학습에 힘써야 한다.** 급변하는 ESG 환경에 맞춰 조직과 리더 모두 지속적으로 성장해야 한다. 이러한 방향성을 지향할 때, 조직은 더욱 강해지고 사회와 환경에도 긍정적인 영향을 미치는 진정한 ESG 경영의 주체가 될 것이다.

조직 변화 : 서번트 리더십으로
조직을 변화시키고 성과로 연결하는 방법

"서번트 리더십은 어떻게 건강한 조직문화를 만드는가?"

조직 내 리더가 어떤 태도를 가지느냐에 따라 구성원들의 분위기와 성과는 완전히 달라진다. 한양대학교 교육공학과 노아영 박사는 현재 LG CNS 리더십 업무를 맡아, 리더십 진단과 육성을 주요 업무로 수행하고 있다. 노아영 박사는 서번트 리더십의 가치가 자연스럽게 녹아 있는 다양한 사례를 중심으로 연구하며, 특히 리더십 서베이를 조직문화 변화의 도구로 활용하고 있는데, 매우 인상적인 방식이라 할 수 있다. 물론 이미 많은 기업에서 이전에도 리더십 서베이를 이용해 리더의 역량을 수치화하고, 인사 평가 자료로 활용한 적이 있었다. 하지만 LG CNS

가 사용한 방식은 이전의 접근법과 전면적으로 달랐다. 리더십 서베이를 단순히 평가 도구가 아닌 리더가 구성원들의 목소리를 들을 수 있는 창구로 활용한 것이다.

당시 활용된 서베이 응답에는 구성원들이 리더에게 하고 싶은 말을 주관식으로 기재할 수 있는 공간을 별도로 마련했다. 이 피드백은 한 줄짜리 의견이라도 무시되지 않고 정리되어 리더에게 전달되었다. 그 후 리더는 그 의견을 통해 자신의 리더십을 돌이켜보고 더 나은 소통과 관계 형성 방법에 관해 고민하게 되는 것이다. 그리고 더 나아가 그 의견을 반영한 개선안을 만들어냄으로써 팀 빌딩이나 워크숍, 리더 교육 등 다른 인사 관리에 필요한 다양한 영역에 활용할 수 있게 된다. 이런 방식은 리더를 성장시켜 조직에 더 좋은 영향을 끼칠 수 있는 인재로 길러내는 방식이라고도 볼 수 있다. 이러한 과정은 서번트 리더십이 강조하는 경청(listening), 공감(empathy), 구성원 중심의 지원(serving others)이 조직 안에서 자연스럽게 작동되는 모습을 보여준다. 리더는 더 이상 '통제자'가 아니라, 구성원의 마음을 읽고 함께 성장하는 서번트로서의 역할을 수행하게 된다.

또 하나 인상 깊었던 사례는 리더를 위한 감정적 회복 공간을 제공하는 리더십 리플렉션 프로그램(Leadership Reflection Program)이다. 리더 역시 사람이기에 책임과 압박 속에서 감정적 소진을 겪고, 때로는 자신이 지치고 있다는 사실조차 인식하지 못할 때가 있다. LG CNS는 이 점을 중요하게 인식하고, 3~4년 차 리더들을 대상으로 리더십 리플렉션 프로그램을 운영하고 있다. 이 프로그램의 핵심은 분리와 회복이다. 리더들은 휴대폰조차 터지지 않는 자연 속으로 들어가 자신을 돌아보고, 말 그대로 '쉼'을 경험한다. 외부 자극에서 벗어나 몸과 마음을 정화하며 자신의 리더십을 조용히 성찰하는 시간이다. 이 시간을 마친 리더들은 하나같이 말한다.

"긴장과 압박 속에 너무 예민해져 있었던 나를 발견했는데, 프로그램 참여 이후 이제는 팀원 한 사람 한 사람에게 관심을 가질 여유가 생겼다."

이는 서번트 리더십에서 매우 중요한 정서적 지지(emotional healing)와 자기 돌봄(self-care)을 조직이 리더에게 먼저 제공하고, 리더가 그 에너지를 구성원에게 되돌려주는 구조다. 리더가 먼저 충분히 충전되어야 비로소 남을 돌볼 수 있다는 원리가 실천된 것이다. 서번트 리더십은 '위에서 아래로'가 아니라, '옆에서 함께'라는 철학을 바탕으로 한다. 우리는 리더를 단순히 조직의 도구로 보아서는 안 된다. 리더 역시 성장하는 존재이며, 그들의 마음과 컨디션 또한 돌봄이 필요하다는 인식이 조직 안에 깊이 뿌리내릴 때, 진정으로 건강한 변화가 일어날 수 있다.

노아영 박사의 사례를 통해, 리더십은 단순한 기술이나 전략이 아니라 사람을 대하는 태도에서 비롯됨을 깨달았다. 서번트 리더십은 거창한 구호가 아닌 조직 내 작은 관계에서 시작된다. 구성원의 목소리에 귀 기울이고, 리더가 스스로 회복과 성찰의 여유를 갖는 것이 중요하다. 이러한 과정이 쌓여야, 조직은 더 건강하고 따뜻하게 변화할 수 있다.

사회 변화 : 서번트 리더십이 사회에 주는 긍정적 영향

"한 사람의 경청이 공동체의 변화를 이끈다"

서번트 리더십의 핵심은 '경청(listening)'이다. 상대방의 마음과 필요를 진심으로 이해하고, 그것을 행동으로 옮기는 태도다. 이 가치는 내게 가장 가까운 사람, 바로 아버지를 통해 깊이 체득할 수 있었다. 지난 5월, 아버지께서 아파트 입주민 동대표 선거에 출마하셨다. 예상치 못한 결정에 가족 모두가 놀랐다. "동대표가 되면 할 일도 많을 텐데, 괜히 고생만 하시는 거 아니에요?" 그 말에 아버지께서는 조용히 웃으며 말씀하셨다. "그래도 누군가는 먼저 움직여야 하지 않겠냐. 나라도 한번 해봐야지." 그 한마디에는 말없이 실천하는 사람만이 전할 수 있는 묵직한 진심이 담겨 있었다. 바로 리더십은 거창한 구호나 직책이 아니라는 것이다. 나는 당시 아버지의 조용한 결심에서 무언가 시작되고 있었음을 직감했고 이후 아버지의 특별한 선거 준비를 옆에서 지켜보며 많은 것을 느낄 수 있었다. 아버지는 공약을 쓰기에 앞서 가장 먼저 주민들의 이야기를 듣는 것을 시작하셨다. 며칠에 걸쳐 아버지와 나는 단지 곳곳을 돌아다니며 다양한 세대의 목소리를 들었다. 어르신들의 넋두리같은 바람, 젊은 부모들의 고민, 청소년들의 투정 섞인 불평까지 아버지는 어느 것 하나 그냥 넘기지 않고 정성껏 메모하셨다. 그래서 아버지의 발걸음은 경로당부터 놀이터까지 못 가는 곳이 없었고 귀 담아 듣지 않는 이야기가 없었다. 나는 그 모습을 며칠에 걸쳐 지켜보고 들으며 경청은 시간을 들여야 하는 일임을 깨달을 수 있었다. 그리고 잘 듣는 자세에서부터 신뢰가 솟아난다는 것을 알 수 있었다. 아버지가 만든 공약은 책상 앞에서 탄생한 것이 아니었다. 주민들의 삶에서 길어낸 생생한 목소리였고, 작은 바람들이 모여 만들어진 약속이었다.

- 어르신 복지 강화

- 스마트 아파트 구현 추진
- 투명한 의견 수렴과 주민 참여 확대 등

특히 스마트 아파트 구현 방안은 주민 간담회를 통해 다양한 의견을 듣고 조율하며 점차 구체화되었다. 아직 본격적인 도입 단계는 아니었지만, 세대 간 디지털 격차 해소와 생활 편의 향상에 대한 공감대는 점차 확산되었다. 결국 아버지는 주민들의 지지 속에 동대표로 당선되셨다.

하지만 진짜 변화는 그때부터 시작되었다. 아버지는 '당선' 보다 '약속'에 집중하셨다. 이행해야 할 공약을 넘어, 주민들과 더 자주 만나 이야기를 나누고, 새로운 제안들을 기꺼이 듣고, 고민하고, 또 반영하셨다. 가장 뚜렷한 변화는 어르신 복지 분야에서 나타났다. 경로당 환경이 개선되었고, 세대 간 문화 프로그램이 생기며 예전에는 어색했던 세대 간 대화가 자연스레 이어졌다. 무엇보다 놀라웠던 것은 사람들 사이의 태도 변화였다. 전에는 불편함이 생기면 불평부터 나오던 분위기였다면, 이제는 문제를 함께 해결하려는 분위기로 바뀌어 있었다.

어느 날 한 주민께서 이렇게 말씀하셨다. "예전엔 그냥 불만만 얘기하고 끝났는데, 요즘은 "어떻게 바꿔볼까?"라는 말이 자연스럽게 나오더라고요." 그리고 어느 날 아버지께서 하신 말씀이 내 마음에 깊이 남았다. "진짜 중요한 건, 사람들이 서로 말을 더 듣고, 서로를 존중하게 된 거야. 그게 리더가 만들어야 할 변화지." 그 말에 나도 말없이 고개를 끄덕였다. 아버지의 실천은 '서번트 리더십'이란 말이 교과서 속 이론이 아니라, 일상 속에서 실현 가능한 변화의 힘임을 보여주는 살아 있는 사례였다. 경청과 공감에서 시작된 변화는 공동체의 신뢰를 만들었고, 서로 연결된 이웃들이 함께 성장하는 문화를 만들어냈다. 이러한 변화는 ESG 경영의 '사회(S)' 가치를 실현하는 매우 실제적인 모습이기도 하다.

- **환경(E)** : 친환경 아파트 운영 방안 추진 → 지속 가능성 기반 마련
- **사회(S)** : 주민 복지 증진, 세대 간 소통과 연대 강화
- **지배구조(G)** : 주민 참여 기반의 투명한 의사결정 구조 구축

한 사람의 경청이 만들어 낸 변화는 결코 작지 않았다. 아버지의 '먼저 움직이는 용기'는 이웃의 마음을 움직였고, 공동체의 문화를 바꾸었다. 서번트 리더십은 우리 모두가 속한

공간에서 실천될 수 있다. 일상 속에서 상대의 이야기를 진심으로 듣고, 작은 관심을 행동으로 옮겨보자. 내가 먼저 변화의 방향을 향해 나아갈 때, 공동체도 함께 성장할 것이다. 작은 실천이 모여 더 나은 사회를 만든다는 점을 기억하자.

서번트 리더십은 조직에서 어떻게 시작하고 실천할 수 있을까?

"서번트 리더십이 만들어내는 ESG 시대의 변화"

서번트 리더십은 기존의 권위적인 리더십과 달리, 조직 구성원과의 일체감과 공감대를 바탕으로 조직 목표를 함께 달성하는 새로운 리더십 모델이다. 21세기 정보화 시대에 약해진 인간관계를 회복하고, 구성원의 역량을 개발하기 위한 청지기 의식, 성장 지원, 인간적 배려, 공감대 형성 등이 서번트 리더십의 핵심 요소다.[174] 최근 서번트 리더십의 중요성이 강조되고 있지만, 단순히 온화하고 부드러운 분위기를 연출하는 것으로 오해되는 경우도 있다. 진정한 서번트 리더십이란 구성원들이 자신의 목표를 달성할 수 있도록 따스한 가슴으로 지원하는 것을 의미한다. 이를 위해서는 올바른 가치관과 비전, 대의를 위한 리더십, 겸손함, 작은 일에 대한 충성도 등 4가지 실천과제가 필요하다.[175]

서번트 리더십은 구성원의 성장과 조직의 성공을 위해 리더가 자신을 섬김의 위치에 두는 혁신적인 리더십 모델이다. 구성원에 대한 배려와 공감, 윤리적 행동을 바탕으로 하며, 협력과 공동체 의식을 강조한다. 또한 서번트 리더십은 구성원의 만족도와 생산성 향상, 조직 문화 개선, 지속 가능한 성과 창출 등의 장점을 가지지만, 적용의 어려움과 단기 성과에 대한 우려 등의 단점도 있다. 성공적인 실행을 위해서는 명확한 비전 설정, 구성원 의견 수렴, 피드백과 코칭 제공, 윤리적 가치 강조 등이 필요하다.

기존의 전통적인 리더십 스타일로는 팀의 참여도와 충성도를 끌어내는 데 한계가 있다.[176] 이에 많은 리더들이 서번트 리더십이라는 새로운 접근법으로 전환하고 있는데, 이는 팀의 요구를 최우선으로 하고 팀원들의 성장과 권한 부여에 중점을 둔다. 이와 함께 서번트 리더십은 공감, 이타주의, 윤리성, 팀원 성장에 대한 헌신, 협업적 문화 조성 등의 핵심 원칙을 바탕으로 팀의 성과와 충성도를 높일 수 있다.[177]

서번트 리더십이 어떻게 구성원의 역량과 태도에 영향을 주는지에 대한 다양한 연구도 이루어졌다. 대학생의 리더 역량과 공감능력이 서번트 리더십에 미치는 영향을 분석한 연구 결과, 리더의 역량과 공감능력이 높을수록 서번트 리더십도 높게 나타났다. 리더 역량의 하위요인 중 상황분석능력, 포용력, 창의적 문제해결력, 배려적 사고, 공감능력, 그리고 다시 공감능력의 하위요인 중 관점 취하기와 공감적 관심이 중요한 영향을 미치는 것으로 확인되었다.[178]

서번트 리더십의 반복적 실천 경험에 대한 연구를 통해 대부분 실천 과정이 '성장 ⋯▶ 충돌 ⋯▶ 재실천'으로 구성된다는 것을 확인할 수 있었다. 이러한 과정을 통해 서번트 리더가 목표로 하는 가치를 점진적으로 실현해 나간다는 것을 알 수 있었다. 특히, 서번트 리더는 부하직원에게 지속적인 관심과 배려를 아끼지 않음으로써 그들의 성장을 돕기 위하여 일관된 실천을 이어나간다.[179] 이를 통해 현장에서 서번트 리더십을 체계화하고 확산시킬 수 있는 시사점을 제공하였다.

▨ 서번트 리더십 실행의 기본 방향

위의 모든 내용을 정리해보면, 결국 서번트 리더십을 조직 안에서 실천하기 위해서는 다음과 같은 접근법이 필요함을 알 수 있다.

첫째, 리더 스스로 명확한 비전과 가치관을 갖추고, 일관된 방향성을 제시해야 한다. **둘째**, 구성원의 복지와 성장에 진심 어린 관심을 가지고 일관된 방향성을 제시하여야 한다. **셋째**, 일상적인 대화와 행동을 소홀히 하지 않고, 공감에 기반한 윤리적 태도를 일관되게 보여주는 자세가 필요하다. **넷째**, 팀원들의 의견을 적극 반영하며, 코칭과 피드백을 통해 성장의 기회를 제공해야 한다.

서번트 리더십을 조직에 대입하기 위해서는 무엇보다 먼저 리더 본인이 책임감과 능력을 보여주면서 헌신적인 자세를 통해 겸손한 자기 인식을 정립해 놔야 한다. 그것을 위해 먼저 리더십 교육 프로그램이나 워크숍 등을 활용하는 것도 좋은 방법이 될 수 있다. 다양한 실천 사례를 학습하고 조직 차원에서 경청하는 자세와 피드백이 활성화된 분위기를 자연스럽게 정착시킬 수 있다면 그 조직의 분위기를 리더가 원하는 방향으로 끌어가는 건 훨씬 쉬워진다. 그리고 궁극적으로 우리가 내내 지향하던 ESG 시대에 걸맞은 사람 중심의 지속 가능한 조직으로 성장시킬 수 있을 것이다.

이러한 논의를 바탕으로, 우리는 서번트 리더십을 단지 수많은 리더십의 유형 중 하나로 치부하거나 어디까지나 이상적인 이론으로 남겨둬서는 안된다는 것을 알 수 있다. 만일 우리가 앞으로 다가올 ESG 시대에 서번트 리더십을 활용해 소통과 협력, 사람이 중심이 되는 조직을 완성시킬 수 있다면 그것은 단지 또 하나의 새로운 리더십 모델을 제시하는 것을 넘어 조직과 경영의 새로운 패러다임을 여는 리더의 혁신상이 될 수 있을 것이다.

미주

1. 장신애(2020). 서부발전-어촌어항공단, 경쟁력 강화 업무 협약. 국토경제신문. (https://www.lenews.co.kr/news/articleView.html?idxno=70207)
2. 최남수(2025). [최남수의 ESG풍향계] ESG 경영 '리더십'이 핵심이다. 뉴스트리. (https://www.newstree.kr/newsView/ntr202502140011)
3. 최남수(2025). [최남수의 ESG풍향계] ESG 경영 '리더십'이 핵심이다. 뉴스트리. (https://www.newstree.kr/newsView/ntr202502140011)
4. 김민석(2023). 우리는 ESG의 목적과 의도를 근본적으로 오해하고 있다. 퓨처조선. (https://futurechosun.com/archives/108166)
5. 장신애, 송영수(2024). 국내 항공사 승무원이 인지한 임파워링리더십, 잡 크래프팅, 직무 열의 간의 구조적 관계. 한국경영공학회지, 29(1), 35-53.
6. 장신애, 송영수(2024). 임파워링리더십과 직무열의 간의 관계에서 잡 크래프팅을 통한 성격5요인의 조절된 매개효과: 대형항공사, 저비용 항공사 승무원 비교를 중심으로. 학습자중심교과교육연구, 24(14), 306-323.
7. 이태동, 김민정(2024). 공기업 ESG 리더십 연구 : 에너지 공기업 사례 비교. 전문경영인연구, 27(4), 59-90.
8. 이지영, 오상진(2024). 조직구성원의 ESG 경영활동인식이 혁신행동에 미치는 영향: 일의 의미의 매개효과와 코칭리더십의 조절효과를 중심으로. 대한경영학회지, 37(5), 767-795.
9. 김성현(2025). [ESG 경영 사례분석] SK에코플랜트, 김형근 사장의 ESG 리더십으로 BM 진화시켜. 시큐리티팩트. (https://www.news2day.co.kr/article/20250327500140)
10. Spears(1996)를 황은진(2021)에서 재인용함. 황은진(2021). 서번트 리더십 연구 체계적 논문고찰. 한국조직학회보, 18(3), 173-202.
11. 김형규(2007)에서 Greenleaf(1977)를 재인용함. 김형규(2007). "서번트 리더십이 부하의 자아개념 및 창의성과 직무수행에 미치는 영향." 국내박사학위논문, 제주대학교.
12. 황은진(2021). 서번트 리더십 연구 체계적 논문고찰. 한국조직학회보, 18(3), 173-202.
13. 김영주(2022). 바른 기업 유한양행, 2022년 경영 화두 'ESG 경영 실천·강화'. 의학신문. (https://link24.kr/Aaq09NK)
14. 이호영(2023). ESG 경영을 통한 십일조 정신의 실천 사례 ③ Walmart. 국민일보. (https://link24.kr/881OPy2)
15. 강윤지, 김상훈(2022). 기업의 ESG 경영에 대한 소비자 인식에 관한 연구: MZ세대를 중심으로. 광고학 연구, 33(3), 7-39.
16. 정승환(2022). 진정성 있는 ESG는 MZ세대에게 통한다. 매일경제. (https://

17. 임효정(2023). MZ세대가 선호하는 리더 순위는? 이넷뉴스. (https://link24.kr/5fCmgWP)
18. 윤희훈(2021). 스타벅스 ESG 경영 본격화…2025년까지 매장 내 일회용컵 없앤다. 이코노미조선. (https://link24.kr/El3ukTY)
19. 이미경(2025). [2025 ESG 리더] 박주형 신세계 대표, 유통 전반 친환경 실천…지속 가능한 소비문화 확산. 한경 ESG. (https://www.hankyung.com/article/202505243186i)
20. 이정기, 이재혁(2020). "지속 가능경영" 연구의 현황 및 발전방향: ESG 평가지표를 중심으로. 전략경영연구, 23(2), 65-92.
21. 유영숙(2023). 기후위기 시대의 경고: IPCC 제6차 평가 종합보고서를 중심으로. 한국과학기술단체총연합회. (https://link24.kr/2JoO30h)
22. 한국ESG 경영원(2025). ESG 시대, 국내외 주요 대학 동향과 대응 시사점은? 한국대학신문. (https://link24.kr/8pgQLEz)
23. 조상우(2021). ESG의 이해와 ESG 경영을 해야 하는 이유. 식품산업과 영양, 26(2), 1-4.
24. 조문규(2024). 지자체 5급 이상 여성 비율, 첫 30% 돌파…이공계·장애인 비율도 확대. 중앙일보. (https://www.joongang.co.kr/article/25281105)
25. 조혜원, 하지훈, 김현지, 정민영, 윤제용(2024). 해외 탄소중립 캠퍼스 사례 분석-미국 종합대학 사례를 중심으로.(Journal of Appropriate Technology, 10(1), 56-72.)
26. 박정원(2025). 중소기업의 글로벌 경쟁력 높이는 ESG 경영 [칼럼]. 네이트 뉴스. (https://news.nate.com/view/20250108n05440)
27. 박정원(2025). 중소기업의 글로벌 경쟁력 높이는 ESG 경영 [칼럼]. 네이트 뉴스. (https://news.nate.com/view/20250108n05440)
28. 한영도(2024). 지속 가능한 기업 밸류업은 ESC(ESG, Sales & Marketing, Cost) 3각형 모델의 실행이다(1). 녹색경제신문. (https://link24.kr/ESyfjMu)
29. 서민지(2024). [ESG 경영 사례분석] LG생활건강, 9년 연속 종합 A등급 비결은… '지속 가능 일용소비재 기업' 비전이 동력. 뉴스투데이. (https://www.news2day.co.kr/article/20240927500239)
30. 김선찬(2025).2025년 기업 생존의 키워드, ESG 경영으로 승부. 전북일보 (https://www.jjan.kr/article/20241226580149)
31. 이정아(2025). ESG 경영은 기업 경쟁력을 높이는 핵심 전략이다. 뉴스메이커. (https://link24.kr/3COAxAY)
32. 이서현, 이성욱(2024). 지속 가능한 성장의 필수 요소, ESG 경영. 전자신문. (https://www.etnews.com/20241017000059)
33. 조유현, 김규리(2024). 지속 가능한 성장을 원하는 기업의 필수 요소 'ESG'의 향방은?, 더 나은미래 (https://futurechosun.com/archives/106126)
34. 강수진(2023). [경영 칼럼] 기업들은 왜 ESG 경영에 주목하는가. 세종경제뉴스.

(https://link24.kr/6ihKZVG)
35. ESG의 세부 요소와 개념.- ESG 경영 - ISO누리. (http://isonuri.com/?act=info.page&pcode=sub2_1)
36. KRX ESG 포털 (https://link24.kr/7QMMUmP)
37. 박성영(2024). [청년발언대] 시대 흐름에 맞춘 기업의 변화, 'ESG 경영'. 청년일보. (https://link24.kr/28td4w0)
38. 정이도(2023). [정이도 칼럼] ESG 경영, 이제는 형체를 만들어야. 공학저널. (https://link24.kr/2qYezbb)
39. Complilaw(2024). 2025년, 변화하는 규제 환경에 대응하는 컴플라이언스 전략. 컴플라이로. (https://www.complilaw.com/news/1356)
40. 이진백(2021). [똑똑! ESG①] ESG, 선택이 아닌 필수적인 생존전략. 라이프인. (https://www.lifein.news/news/articleView.html?idxno=11909)
41. 더와이 주식회사(2024). 중소기업 ESG, 왜·언제·어떻게 시작해야 할까?. 헬로티. (https://www.hellot.net/news/article.html?no=89180)
42. 패스트캠퍼스 기업교육팀(2021). HR이 ESG 경영에 주목해야 하는 이유를 알고 있나요? 패스트캠퍼스 비즈레터. (https://b2b.fastcampus.co.kr/resource_bizletter14)
43. 박수익(2021). 그래서, ESG 경영은 왜 해야하는가? 비즈워치. (https://news.bizwatch.co.kr/article/finance/2021/05/20/0005)
44. 황재선(2021). 세계 시장은 ESG 경영 요구, 어떻게 할 것인가. 히트뉴스. (https://link24.kr/G3DUZOu)
45. 강수진(2023). 기업들은 왜 ESG 경영에 주목하는가. 세종경제뉴스. (https://link24.kr/1xys5vn)
46. 장신애(2020). 공항공사, '바이오셜' 캠페인 동참. 국토 경제신문. (https://link24.kr/FhNybkA)
47. 정현경, 송거영, 김상봉(2024). ESG 경영활동이 소비자 신뢰와 이용의도에 미치는 영향. 신용카드리뷰, 18(2), 124-144.
48. 정현경, 송거영, 김상봉(2024). ESG 경영활동이 소비자 신뢰와 이용의도에 미치는 영향. 신용카드리뷰, 18(2), 124-144.
49. 김형진(2025). 완성형 ESG 경영을 위한 발걸음. 전자신문. (https://www.etnews.com/20250324000035)
50. 강윤지, 김상훈(2022). 기업의 ESG 경영에 대한 소비자 인식에 관한 연구: MZ 세대를 중심으로. 광고학연구, 33(3), 7-39.
51. 고석용(2023). 벤처기업 75% "ESG 경영 필요"… 38% "투자자들도 요구". 머니투데이. (https://link24.kr/AF0UCHX)
52. 안치용(2022). ESG 경영에 나선 기업들, 착해서가 아니라 더 절박하기 때문에. 뉴스퀘스트. (https://link24.kr/Nk3GXG)
53. 정무권, 김영린(2022). ESG 활동과 혁신의 상호작용이 기업가치에 미치는 영향.

한국증권학회지, 51(4), 471-498.

박수만, 정형일(2023). ESG 경영전략이 기업경쟁력에 미치는 영향-건설업을 중심으로. 로고스경영연구, 21(1), 169-190.

한국토지주택공사(2024). 기로에 선 ESG 경영, 우리는 어디로? LH 매거진. (https://link24.kr/DEZMs5u)

김권수,이남연(2024). ESG 경영활동이 혁신성과에 미치는 영향 연구. 상품학연구, 42(1), 73-82.

박우혁(2023). "판이 바뀐다"… ESG 경영은 새로운 기회: ESG 경영 시대 국내 섬유패션업계 과제-전문가 진단. K패션뉴스. (https://www.fashionnet.or.kr/daily-news/124420/)

이지영(2025). 2025년 ESG 경영 전망 - 글로벌 트렌드와 기업 영향. 코리아비즈니스리뷰. (https://link24.kr/CLzZy1M)

조나단(2024). ESG 경영 리스크 완화·기업 가치 향상…재무 나쁜 기업엔 敵. 공정뉴스. (https://link24.kr/3COAxoO)

김연지(2025). 국내 기업들 '물 리스크' 커져…"단기 재무 영향 22조원". ESG경제. (https://link24.kr/2qYezzK)

글: 편집부, 자료: 지방공기업평가원. ESG 경영 시대, 기업의 대응 방안과 실행 전략. 지방공기업평가원 홈페이지. (https://www.erc.re.kr/webzine/vol34/sub5.jsp)

넥스온컨설팅. 업종별 ESG 경영 사례. 넥스온컨설팅 홈페이지. (https://link24.kr/9XLSGyr)

장신애(2020). HDC아이콘트롤스, BEMS AI 에너지절감 개발연구. 국토경제신문. (https://link24.kr/DPU7qyJ)

한영도(2024). [한영도의 ESG칼럼] AX/GX시대, 변화를 이끌 리더는 무엇을 해야 하나. 녹색경제신문. (https://link24.kr/GvnHTRP)

장신애(2020). HDC아이콘트롤스, BEMS AI 에너지절감 개발연구. 국토경제신문.

EY한영(2024). 기업 ESG 성과 높이는 핵심 요소는 구성원이 만족하는 '조직문화'. EY한영 홈페이지. (https://go.ey.com/3Z8ql2s)

이태동, 김민정(2024). 공기업 ESG 리더십 연구: 에너지 공기업 사례 비교. 전문경영인연구, 27(4), 59-90.

김응민(2024). 글로벌 제약사 '머크'에서 엿본 성공적인 ESG 경영 비결은?. 팜뉴스. (https://link24.kr/3u3CsqH)

조윤성(2021). [2021 ESG리더] ② 현대차그룹, 젊은 리더십으로 친환경 사회책임 경영. ESG경제. (https://link24.kr/612leiE)

무엘 카프테인(2024). 성공적인 ESG 리더의 7가지 특징. SDX재단 홈페이지. (https://link24.kr/H6i2S76)

김성현(2025). [ESG 경영 사례분석] SK에코플랜트, 김형근 사장의 ESG 리더십으로 BM 진화시켜. 뉴스투데이. (https://www.news2day.co.kr/

article/20250327500140)
72. AVOCADOGIANT(2024). 녹색 잔디에서 실천하는 녹색 성장, 세계적인 축구구단 토트넘의 ESG 리더십. AVOCADOGIANT 홈페이지. (https://link24.kr/FWTDcfu)
73. Kim Yu Jeong(2024). ESG와 지속 가능성 검증의 중요성. DNV 홈페이지. (https://link24.kr/8TquO2z)
74. Goover(2025). ESG 경영의 새로운 패러다임: 윤리적 리더십과 견제 시스템의 필요성. Goover 홈페이지. (https://link24.kr/9MQhI7K)
75. 조윤성(2021). [2021 ESG리더] ② 현대차그룹, 젊은 리더십으로 친환경 사회책임 경영. ESG경제. (https://link24.kr/DEZMsBH)
76. 김성현(2025). [ESG 경영 사례분석] SK에코플랜트, 김형근 사장의 ESG 리더십으로 BM 진화시켜. 뉴스투데이. (https://www.news2day.co.kr/article/20250327500140)
77. 서민지(2023). [ESG 경영 사례분석] 빙그레, 이해관계자 자본주의 실천으로 사회 A+등급 받고 빙그레 웃다. 뉴스투데이. (https://www.news2day.co.kr/article/20231212500187)
78. goover(2025). ESG 경영의 새로운 패러다임: 윤리적 리더십과 견제 시스템의 필요성. goover. (https://link24.kr/6Bx3dQS)
79. 정진호(2023). ESG Governance - 거버넌스 활동이 조직과 구성원에게 미치는 긍정적 영향. 월간 인재경영. (https://link24.kr/1n4779n)
80. EY한영(2024). 기업 ESG 성과 높이는 핵심 요소는 구성원이 만족하는 '조직문화'. EY한영. (https://link24.kr/4xXklhm)
81. 이지영, 오상진(2024). 조직구성원의 ESG 경영활동인식이 혁신행동에 미치는 영향: 일의 의미의 매개효과와 코칭리더십의 조절효과를 중심으로. 대한경영학회지, 37(5), 767-795.
82. 조성현(2024). [신간] 'ESG 경영혁신, 글로벌 초일류 기업에서 배워라' 출간. 청년일보. (https://link24.kr/7QMMVIH)
83. 환경재단·매일경제. ESG 생태계 구축과 지속 가능한 대한민국을 위한 리더십 과정. (https://link24.kr/H6i2S8k)
84. 이보균(2021). 변혁의 시대 ESG리더십. 카모마일북스.(책) (https://link24.kr/3COAxh9)
85. 이진원(2024). 10년 뒤 기업 변신 이끌 4가지 ESG 트렌드...미래학자 버나드 마 예측. ESG경제. (https://link24.kr/7x6dRjl)
86. LX Z:IN(2024). 지속 가능한 발전에 다가서는 ESG 경영. LX Z:IN 홈페이지. (https://www.lxzin.com/styling/style-trend/detail/5593)
87. LG에너지솔루션. 지속 가능경영. LG에너지솔루션 홈페이지. (https://www.lgensol.com/kr/esg-strategy)
88. 삼성SDS.(2025). ESG, 2025: 지속 가능성을 설계하는 새로운 글로벌 규범. 삼성SDS. (https://link24.kr/8pgQLe5)

89. 김정남, 임두빈(2021). [월간 ESG] ESG 경영을 위한 5가지 핵심 Agenda는 무엇일까? Magazine SK. (https://m.socialvalueconnect.com/contents/544.do)
90. 양춘승, 김태한, 박남영, 이종오(2025). 2025년 주요 ESG 이슈와 기후 정책. 한국사회책임투자포럼(KoSIF). 코시프레터 홈페이지. (https://kosif.stibee.com/p/44)
91. 이신형(2024). MSCI가 선정한 2025년 ESG 6대 트렌드 뜯어보니. ESG경제. (https://link24.kr/4FsiqbP)
92. 김성현(2025). [ESG 경영 사례분석] SK에코플랜트, 김형근 사장의 ESG 리더십으로 BM 진화시켜. 뉴스투데이. (https://www.news2day.co.kr/article/20250327500140)
93. 김좌석(2024). [기업성장 컨설팅] ESG 경영의 3가지 목표와 효과. 전자신문. (https://www.etnews.com/20240912000247)
94. 이태호(2024). 기업 관리에서 ESG의 중요성과 도입 전략. 키투맥스. (https://www.key2esg.com/blog/article-20240607.html)
95. 김주수(2023). 기업의 경쟁우위 확보 & 직원 몰입 증진 인재전략의 핵, ESG. 머서코리아. (https://link24.kr/CB4oz8a)
96. 김재웅(2022). ESG 경영 사례 3가지, 새로운 채용트렌드. 그리팅 블로그. (https://blog.greetinghr.com/esg-management-examples/)
97. 김국현(2021). 세계는 지금 ESG 혁신 중, 다양한 사례를 통해 알아본 ESG 경영. SK하이닉스 뉴스룸. (https://news.skhynix.co.kr/esg-management/)
98. 한경 리크루트(2023). 기업의 관심은 ESG 인재와 양성!!. 월간 리크루트. (https://link24.kr/6XmZbDk)
99. goover.(2025). 2025년 ESG와 디지털 전환: 지속 가능성과 AI가 이끄는 기업혁신 전략. goover. (https://link24.kr/7bH7TvA)
100. 유승권(2021). ESG 사례, 지속 가능경영의 실천(4) _ 유니레버. Balanced CSR & ESG 블로그.(SK SUNI와 이노소셜랩이 제작한 "글로벌 기업들의 사례로 알아보는 ESG 경영" 영상 콘텐츠 재구성). (https://mryoopm.tistory.com/2596519)
101. 김태희(2025). ESG 도입, 언제 해야 성공할까? 기업 성장 단계별 가이드. 업박스. (https://link24.kr/7QMMV6H)
102. 서용구, 이현이, 정연승(2022). 유통산업의 ESG 전략과 사례: 월마트, 아마존, 이마트, 쿠팡을 중심으로. 유통연구, 27(2), 77-99.
103. 지방공기업(2025). ESG 경영 시대, 기업의 대응 방안과 실행 전략. 자료: 삼정KPMG 경제연구원. 지방공기업 홈페이지. (https://www.erc.re.kr/webzine/vol34/sub5.jsp)
104. 김도윤(2025). 2025 ESG 트렌드, '포용'이 키워드다. 한국ESG취업교육신문. (https://link24.kr/GP30Wyq)
105. 김대우(2024). 한국생산성본부, '2025 HRD 트렌드 리포트' 발간. ESG경제. (https://link24.kr/4QnTpR6)

106. 한국생산성본부(2024). 2025 HRD 트렌드 리포트. 한국생산성본부. (https://link24.kr/DEZMs18)
107. 대한상공회의소(2022). ESG A to Z: Making a Better Tomorrow. 대한상공회의소. (https://link24.kr/DEZMs0X)
108. 김민정(2024). "다양성·형평성·포용... DEI는 조직 ESG 수준의 가늠자." 여성신문. (https://link24.kr/HHcnQlc)
109. KRX ESG 포털(2025). ESG 소개 및 성과. 한국거래소. (https://link24.kr/GvnHTMX)
110. 피델리티자산운용(2020). ESG 투자가 중요한 이유 - 금융이 알고 싶을 때, 토스피드. (https://blog.toss.im/article/5m-investment_esg)
111. 강수진(2023). [경영 칼럼] 기업들은 왜 ESG 경영에 주목하는가. 세종경제뉴스. (https://link24.kr/BIV251S)
112. 이방실(2021). ESG 바로 알기. SK하이닉스 뉴스룸. (https://link24.kr/Nk3GgW)
113. 크리스!크리스(2025). ESG 경영 활성화하기 위한 금융의 주도적 역할 필요. 크리스의 심리학 그리고 경제 이야기. (https://chris-view.com/56)
114. 박정현(2024). 호텔 ESG 경영 중요성 지각 척도개발 및 평가. 박사학위논문, 한양대학교 대학원.
115. Goover(2025). 2025년 ESG와 디지털 전환: 지속 가능성과 AI가 이끄는 기업 혁신 전략. Goover. (https://link24.kr/El3ukst)
116. goover(2025). 2025년 ESG 경영의 진화: 지속 가능보고서 발간에서 AI 융합 전략까지. goover. (https://link24.kr/58SVkSL)
117. 정경춘(2024). 디지털 기술과 ESG 경영의 융합…새로운 시대의 지속 가능성. 파이낸스데일리. (https://link24.kr/DlJdoQS)
118. 김정남, 임두빈(2021). [월간 ESG] ESG 경영을 위한 5가지 핵심 Agenda는 무엇일까? Magazine SK. (https://m.socialvalueconnect.com/contents/544.do)
119. 지방공기업평가원, ESG 경영 시대, 기업의 대응 방안과 실행 전략. 자료: 삼정 KPMG 경제연구원. (https://www.erc.re.kr/webzine/vol34/sub5.jsp)
120. SamilESG. ESG 경영활동 가이드. Samilesg 홈페이지. (https://link24.kr/DwEOncp)
121. 이노두리(2023). ESG 경영방침 및 지속 가능경영 목표-사례. 이노시스템연구소. (https://inno1222.tistory.com/15858902?category=1291188)
122. 문미순(2024). 바론교육, 제6기 ESG 세미나로 지속 가능 경영의 길 열었다! 기자들의 눈. (https://link24.kr/6ihKa39)
123. 김영주(2022). 바른 기업 유한양행, 2022년 경영 화두 'ESG 경영 실천·강화'. 의학신문. (https://link24.kr/Aaq0A0a)
124. 김봉진 CEO의 리더십 분석(우아한형제들). 해피캠퍼스. (https://link24.kr/BpFJ1RH)

허병준, 이형용(2023). ESG 활동이 종업원의 행동에 미치는 영향: 조직신뢰와 조직동일시를 통하여. 경영학연구, 52(2), 415-442.

최봉(2022). ESG 통합 전략, 이렇게 수립한다! - ④ 비즈니스 프로세스 설계 및 자원 할당. 뉴스투데이. (https://www.news2day.co.kr/article/20220824500232)

김동재, 이지은(2022). 유통기업의 ESG 추진전략: 플라스틱 및 PET 회수 캠페인을 중심으로. 한국품질경영학회 춘계학술발표논문집, 2022, 74-74.

SamilESG. ESG 경영활동 가이드. Samilesg 홈페이지. (https://www.samilesg.com/diagnosis/strategyView?tabId=1)

Goover(2025). ESG 경영으로 건설업계를 재편하는 전략과 성공 사례. Goover. (https://link24.kr/2JoO3NY)

김현경(2024). 국내 기업 ESG, "실제 경영전략과 연계 부족". ESG경제. (https://link24.kr/31TPyvy)

into-lucky(2025). ESG 전략 수립을 위한 기업 내부체계 구축 방안. ESG에 대한 블로그. (https://link24.kr/5UI1i3F)

신아형(2023). 전담조직 신설해 ESG 경영 박차. 동아일보. (https://link24.kr/1n476vL)

원병철(2021). 안랩, ESG 경영 내재화 위한 전담 조직 신설. 보안뉴스. (https://link24.kr/90bBKg1)

김규리(2024). KG모빌리언스, 'CEO 직속' ESG 전담 조직 신설. 더나은미래. (https://futurechosun.com/archives/83889)

박윤정(2023). ESG 전담 조직 신설하고 해양 문제 해결 앞장. 동아일보. (https://link24.kr/DaOsptl)

우리동네 기술자(2025). 탄소중립 돕는 인공지능(AI): 미래를 위한 기술. 돈 되는 기술, 건강, 허브, 정보. (https://link24.kr/H6i2Rsx)

최민욱(2025). 탄소중립을 향한 AI 혁신: 데이터센터 에너지 최적화. 플래닛03. (https://link24.kr/15P5Bdk)

홍명표(2025). AI+ESG 통합 기업, 탄소 26% 감축⋯전사 전략 차별화가 성패 갈랐다. IMPACT ON. (https://link24.kr/5JNGjYo)

김용원(2025). AI 기후변화 '주범'에서 '해결사'로 탈바꿈, 탄소 배출 줄이는 신기술에 기여. Business Post. (https://link24.kr/DPU7qk6)

지혁민(2025). "AI로 온실가스 10% 감축 가능하다". 넷제로뉴스. (https://link24.kr/8TquNtc)

편집인(2024). 인공지능(AI), 탈탄소화의 핵심 도구로 부상하다. 탄소중립투데이. (https://link24.kr/88IOQcf)

우리동네 기술자(2025). 탄소중립 돕는 인공지능(AI): 미래를 위한 기술. 돈 되는 기술, 건강, 허브, 정보. (https://link24.kr/7bH7ToO)

Enel X Korea. 넷 제로(Net Zero)란 무엇인가요?. Enel X Korea 홈페이지. (https://link24.kr/1c9M84H)

144. 최정희, 윤현석(2022). 탄소중립실현을 위한 조세정책 개선방안-미국 조세정책과의 비교를 중심으로. 법과 정책연구, 22(4), 227-270.
145. 이홍일(2022). 2050 탄소중립 시나리오: 건설산업의 도전과 과제. 건설이슈포커스. 한국건설산업연구원. (https://www.e-ia.co.kr/cg/vol271/271_news.pdf)
146. 이선일, 장은빈, 정현철, 권호숙, 이형석, 박혜란, 이종문(2023). 논 온실가스 감축을 위한 중간물떼기 연장 및 완효성비료 투입 복합적용 현장실증. 한국환경농학회 학술발표논문집, 2023, 180-181.
147. 박진영(2024). [ESG 경영 사례분석] 삼성바이오로직스, '이중 중대성 평가'로 차별화 …존림의 '공급망 탄소중립'은 미래가치. 뉴스투데이. (https://www.news2day.co.kr/article/20240703500237)
148. 나웅(2022). 해외 주요 전력회사 공급망 관리 동향. 전기저널. http://www.keaj.kr/news/articleView.html?idxno=4763)
149. 오서연(2024). 지속 가능한 공급망 관리를 위한 프랑스의 ESG 제도와 사례 연구. 지속 가능경영연구학회지, 8(4), 173-188.
150. 최백규(2025). 공급망 ESG 관리 체계 구축과 접근 방법론. 자동화기술, 41(5), 23-25 (https://automation-world.co.kr/news/article.html?no=68909)
151. LG화학 홈페이지. 책임있는 공급망 관리- LG화학. (https://link24.kr/jZZDyp)
152. CJ제일제당 홈페이지. 지속 가능한 공급망 - CJ제일제당.https://link24.kr/9tAyEOJ)
153. Veritas. 공급망 지속 가능성의 중요성: 모든 기업이 우선 순위에 두어야 하는 이유. (https://link24.kr/6Mroc4O)
154. 서승진(2025). [디지털포용과 ESG] ⑦ AI 윤리와 ESG, 기술 개발에도 윤리와 책임이 중요하다. 디지털포용뉴스. (https://link24.kr/2JoO3lU)
155. Complilaw(2025). ESG 보고의 디지털 전환과 데이터의 중요성. 컴플라이로 (CompliLaw). (https://www.complilaw.com/news/1545)
156. 김호석, 강지은(2021). ESG 관련 국내외 동향 및 환경정책에 미치는 영향. 수시연구보고서, 2021, 1-137.
157. goover(2025). 2025년 ESG 경영의 진화: 지속 가능보고서 발간에서 AI 융합 전략까지. goover. (https://link24.kr/4FsiqGa)
158. Felix Rose-Collins(2024). ESG 데이터 보고에서 AI의 역할: 지속 가능성 및 책임의 혁신. Ranktracker. (https://link24.kr/ESyfjZJ)
159. goover(2025). AI와 ESG의 융합: 기업 지속 가능성 경영의 새로운 지평. goover. (https://link24.kr/7mBsSZX)
160. 김좌석(2024). [기업성장 컨설팅] ESG 경영의 3가지 목표와 효과. 전자신문. (https://www.etnews.com/20240912000247)
161. 이태호(2024). 기업 관리에서 ESG의 중요성과 도입 전략. key2ESG. (https://www.key2esg.com/blog/article-20240607.html)
162. 김준수(2023). 기업의 경쟁우위 확보 & 직원 몰입 증진 인재전략의 핵, ESG. 머서코리아. Mercer LLC. All Rights Reserved. (https://link24.kr/FhNybGy)

163. 김재웅. ESG 경영 사례 3가지, 새로운 채용트렌드. 그리팅 블로그. (https://link24.kr/7bH7TIL)
164. 김국현(2021). 세계는 지금 ESG 혁신 중, 다양한 사례를 통해 알아본 ESG 경영. SK하이닉스 뉴스룸. (https://news.skhynix.co.kr/esg-management/)
165. 한경 리크루트(2023). 기업의 관심은 ESG 인재와 양성!! 한경 리크루트. (https://link24.kr/7mBsSYO)
166. 황은진(2021). 서번트 리더십 연구 체계적 논문고찰. 한국조직학회보, 18(3), 173-202.
167. 조윤형(2019). 서번트 리더십과 건설적 일탈-조직기반 자긍심과 조직정치 지각의 영향력을 중심으로. 인적자원관리연구, 26(3), 121-145.
168. 정우현, 김문중(2022). 서번트 리더십이 직원들의 과업성과에 미치는 영향: 지식공유와 심리적 임파워먼트의 매개효과. 상업교육연구, 36(3), 185-215.
169. 김정식(2022). 서번트 리더십이 구성원들의 직무만족과 심리적 웰빙에 미치는 영향: 심리적 의미성의 역할을 중심으로. 한국융합과학회지, 11(10), 145-166.
170. 정인환(2025). 공공기관의 ESG 활동이 사회적 가치 창출에 미치는 영향 분석: 기관장의 리더십을 중심으로. 도시행정학보, 38(1), 61-88.
171. EY한영.(2024). 기업 ESG 성과 높이는 핵심 요소는 구성원이 만족하는 '조직문화'. EY 뉴스룸. (https://link24.kr/3YDguxv)
172. 황은진, 조상미, 안지영(2022). 공공기관의 ESG 와 조직성과: 기관장의 리더십과 헌신형 인적자원관리 시스템의 조절 효과. 사회적가치와 기업연구, 15(1), 133-163.
173. 이승엽, 김현민, 남장현(2024). ESG 경영이 브랜드 자산과 지불의사에 미치는 영향. 관광진흥연구, 12(4), 215-237.
174. 엔터웨이파트너스. [리더십] 서번트 리더십. 엔터웨이파트너스 N-Magazine. (https://link24.kr/9XLSGh7)
175. 국제제자훈련원.(n.d.). [리더십] 223호 - 서번트 리더의 4가지 실천과제. 국제제자훈련원. (https://link24.kr/5fCmgk3)
176. 미래돈는아이.(2024). 서번트 리더십 뜻과 원칙 및 장점 단점 실행 방안. 슈퍼리치만들기. (https://link24.kr/BIV24qC)
177. Somanathan, S.(2024). 서번트 리더십을 구현하는 방법: 서번트 리더십의 특징, 장단점. ClickUp 블로그. (https://clickup.com/ko/blog/235451/servant-leadership)
178. 김성엽, 이지안, 유정환, 박성민(2023). 서번트리더십과 조직공정성이 MZ 세대 공무원의 직무몰입 및 조직몰입에 미치는 영향: 공공봉사동기 매개효과와 세대 간 다중집단분석을 중심으로. 한국조직학회보, 20(3), 1-37.
179. 진진희, 조민호(2023). 호텔산업 종사자에 대한 서번트 리더십의 반복적 실천경험 분석: 근거이론을 기반으로. 관광학연구, 47(3), 117-135.